The Wonderful World of
Sazae-san
3

The Wonderful World of Sazae-san

対訳：サザエさん

Machiko Hasegawa

長谷川町子

KODANSHA INTERNATIONAL
Tokyo • New York • London

Translation by Jules Young

Distributed in the United States by Kodansha America, Inc.,
114 Fifth Avenue, New York, N.Y. 10011, and in the United
Kingdom and continental Europe by Kodansha Europe Ltd.,
95 Aldwych, London WC2B 4JF.
Published by Kodansha International Ltd., 17-14 Otowa 1-
chome, Bunkyo-ku, Tokyo 112, and Kodansha America, Inc.
Copyright © 1997 by Kodansha International Ltd. and Hasegawa
Machiko Museum Foundation with the cooperation of C.A.L.
All rights reserved. Printed in Japan

First edition, 1997
ISBN 4-7700-2094-5
97 98 99 00 10 9 8 7 6 5 4 3 2 1

Sazae's Family Tree
サザエさんの家系図

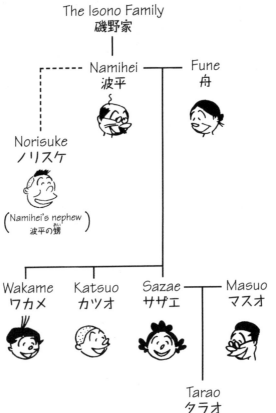

The Isono Family
磯野家

Namihei
波平

Fune
舟

Norisuke
ノリスケ

(Namihei's nephew)
波平の甥

Wakame
ワカメ

Katsuo
カツオ

Sazae
サザエ

Masuo
マスオ

Tarao
タラオ

(often called Tara)
(愛称 タラちゃん)

わーすばらしい
わね！
あなた

ザーッザーッ

え？
なーに

きこえないわよ！
こっちにきて

なに
チューインガム
かんでるんだよ

いまべんきょうを
やってるからまた
こんどさそってく
ださい

お父さんは**？**

いまべんきょうを
やってるからまた
こんどさそって
ください

オーイ
いくよいくよ

おてあらいは
どちらですか？

あの……
ちょっと……

あなた
せいそうに
くるわよ！

どうしよう……

* Flush lavatories were rare in Japan until the 1960s, and disinfecting teams used to visit houses at regular intervals.

ヤア！
トリをおかいで
すか

ハア……

コッコッコッ
コケッコー

日本こうくうの
ヒコウキで今日
お父さんは東京を
ひとまわりするよ

ボクら そとに
でてるネ！

上空からからうちを
みてよ パパ

さあ ウチのみわ
けがつくかな

だいじょうぶ！

---

* These colorful carp streamers, or *koinobori*, are flown outside the houses of families
with sons (now also daughters) from mid-April to celebrate Children's Day on May 5.

だってあたし
ものもらいができ
てんだもの

かまわないよ

ボクだって クツ
シタがみつからな
くてかたかたさ

今日はこれでも
めだたないさ

ピカソ展_{てん}

① ワカメ パパや
お兄さんのおクツ
みがいといてね

いいわ

② しょうがないわね
あんなにたのんど
いたのに

さあいらっしゃい
いらっしゃい！

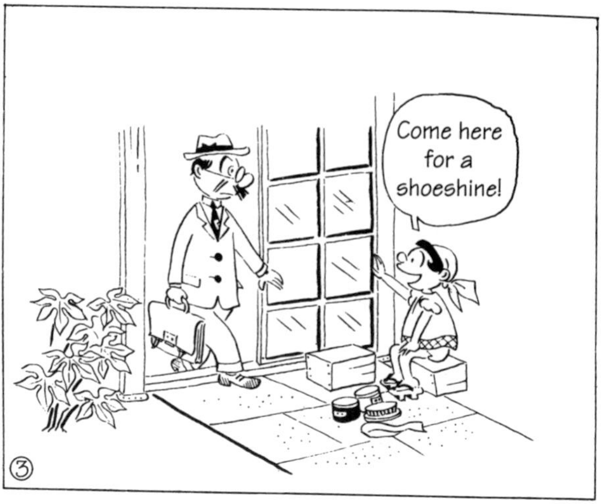
Come here for a shoeshine!

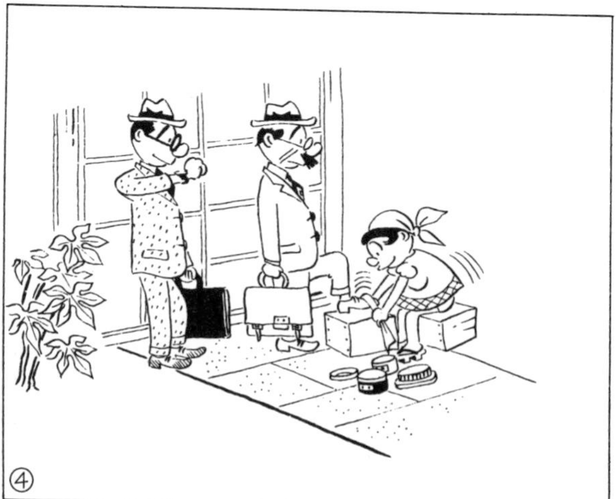

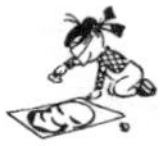

ぜんけんがぶじに
かえってみえた
から おせきはん
をたきましょう

さんせーい

さんせーい

いいにおいが
するなア

お祝いにおせきはん
ができるとこなの

---

* The San Francisco Peace Treaty (or, formally, the Treaty of Peace with Japan), signed on September 8, 1951, restored Japan's sovereignty and marked the end of the Allied Occupation.

よく わしのたん
じょう日をおぼえ
ていてくれたなァ

今日はお父さんの
たんじょう日だっ
たよ！

* Sekihan, literally "red rice," is made by adding adzuki beans to glutinous rice and is eaten on festive occasions.

この間の本あり
がと！ とっても
おもしろかった

キミぼくにもか
してくれたまえ

ハ どうぞ

パスのりば

---

* Many workers, both white-collar and blue-collar, take a home-made box lunch (bento) to work.

カツオちゃん
クリをうでたから
おいで〜

ハーイ

これも虫がくっ
てるわ……

なによ あんた

こっちか

これも虫がくっ
てるわ

* Chestnuts are eaten both roasted, as in the West, and boiled.

おとうさんどお？

おうおう！これ
はなかなかうま
いぞォ！

きもちいい？

あ～とってもいい
きもちだ

あたい まだつか
れないわ

ホホウそうかい
えらいえらい

ヤレヤレほめく
たびれた……

あなた
おつかれさま

サンバさんを右に
まがって また左
におれて……

わかりました
ありがとう！

戸川

ちがいますよ〜
こっちです

おとなのくせに
けしからん

がくせい時代は
さかんにやった
もんだ

あなた **まき**をひ
いてくださらな
い?

やるよ

あなた〜はやく
やってよ

やってるよッ

Hey you! What are you doing?
No! No! Help!

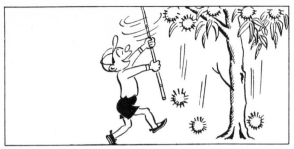

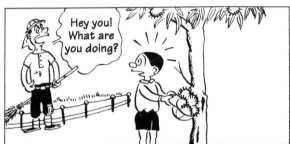

こらッだれだッ

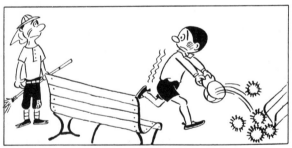

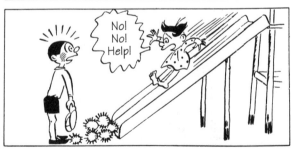

ヤダヤダヤダ
ヤダヤダ

ひさしぶりだ
おあがんなさい！

いえ ここで

ごちそうがある
のよ

いそぎの用があり
ますから

いそぎの用って
な〜に

これよ

所のらくせい祝い
なんだ

とってもりっぱよ
あなた

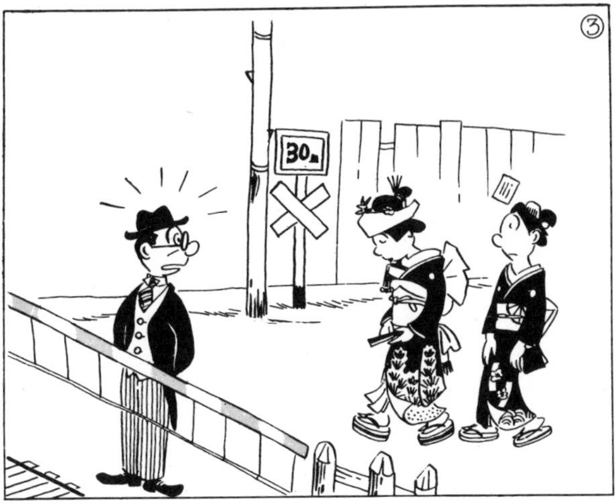
③
30

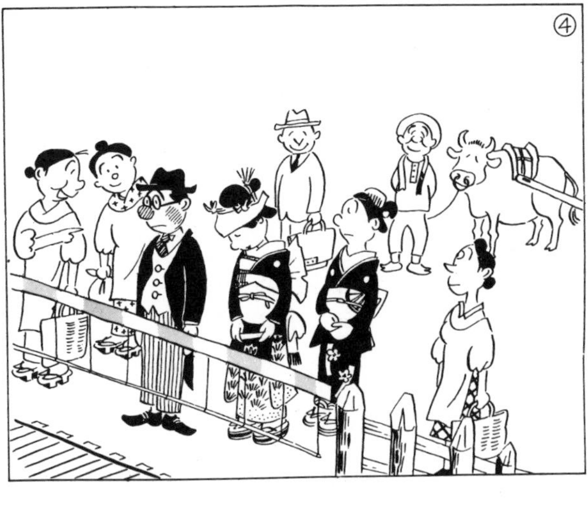
④

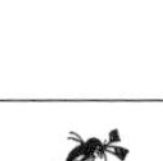

She said the power went off in the middle.

What on earth's happened to your sister?

いったい おねーちゃんはどうしたのさ！

とちゅうでていでんになったんだって

She asked me to bring her some lunch.

おべんとう つくってきてって

きみ ちょっと
ちょっと

しゃしんうつす
からちょっときて

いい子だからその
ヒモをひいてちょ
うだい

ヒクッヒクッ
ヒクッ

美しいご婦人の
かたがご面会
です

どうです
シャックリ
とまったでしょう

おのれ
かついだな！

play a trick on　にいたずらをする

サザエ たきびの
あとしまつがして
ないぞ

アッしまった！

アッしまった！

---

* Roasted sweet potatoes (*satsuma imo*) are a popular snack.

コレうちのなか
ではよしなさい

カツオ おミソ
すってよ

ハーイ

こらっ
うちの中では
やめんか!!

* Miso (fermented soybean paste) is a basic ingredient in Japanese cooking. It is available ready-made today, but previously it was prepared by mashing boiled soybeans and mixing them with salt and a fermenting agent.

オットセイは
おさかなだ

おサルはミカンだ

おながざる

ここはタバコだ

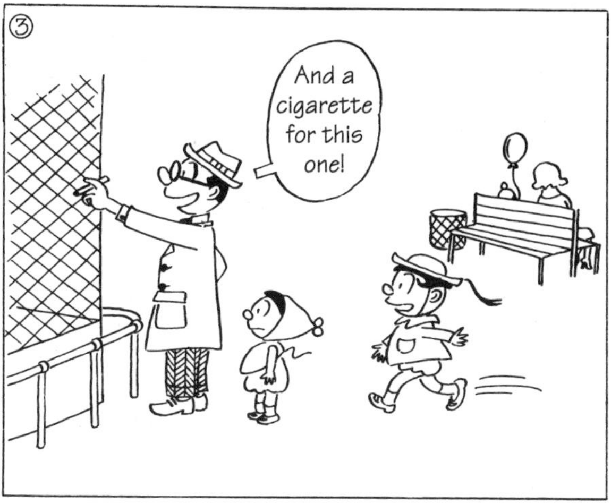
③
And a cigarette for this one!

すみません

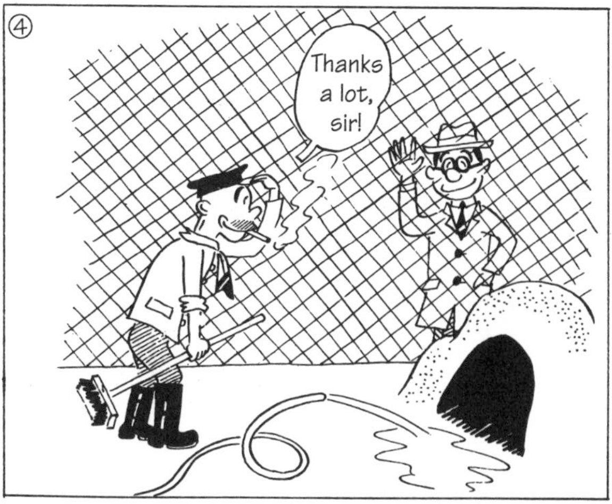
④
Thanks a lot, sir!

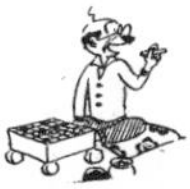

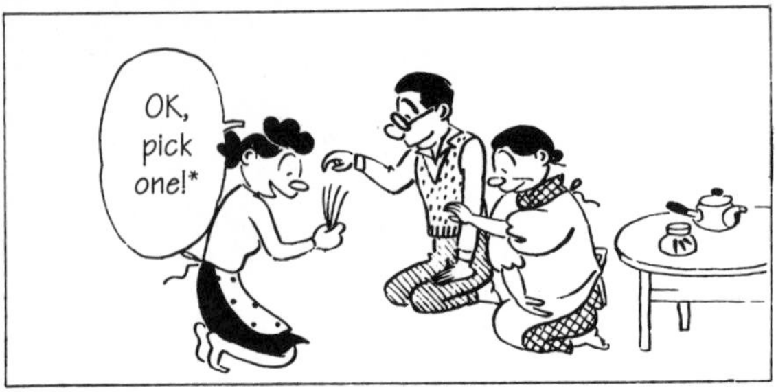
OK, pick one!*

ハイ くじを
ひいてよ

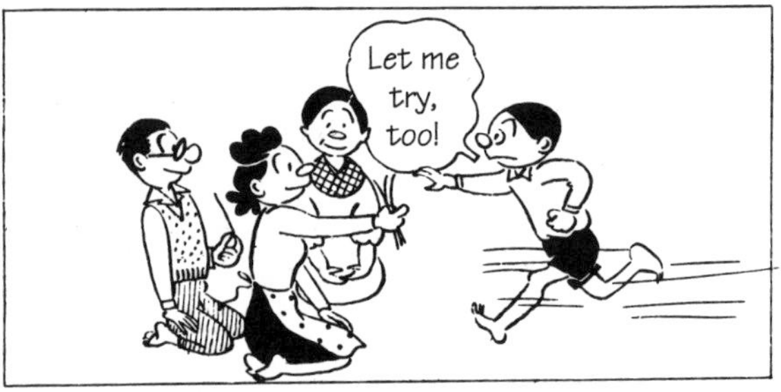
Let me try, too!

ぼくもひかして

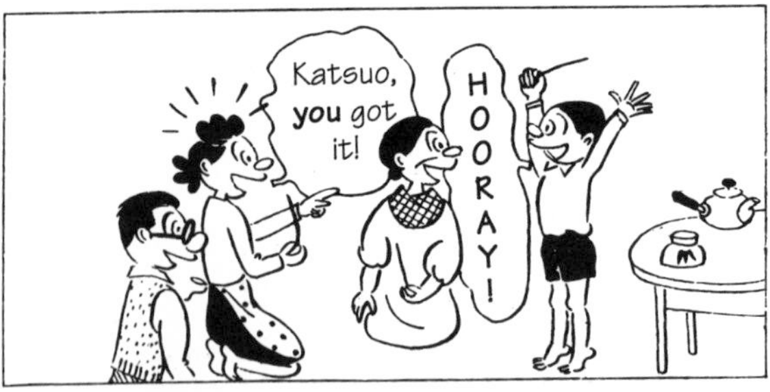
Katsuo, **you** got it!
HOORAY!

カツオが
あたったわ！

バンザーイ

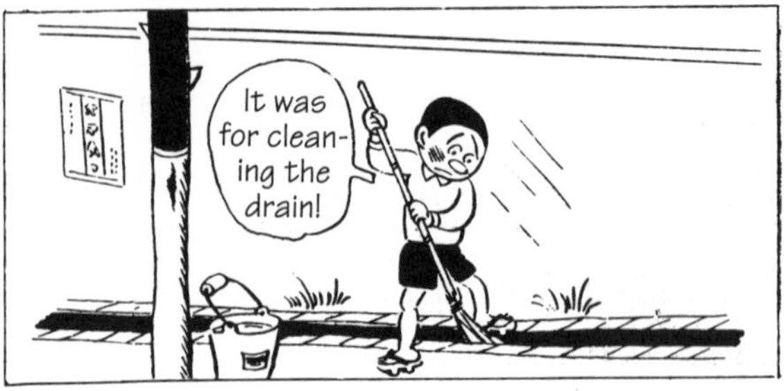
It was for clean-ing the drain!

ドブそうじだった

---

* This is similar to the Western custom of picking straws, but in Japan the "straws" are lengths of twisted paper, one of which is marked with a color.

アッ

ひとりでおきあが
らせなさい

あまやかす
ばかりが親の
じじじゃない

だって かわい
そうよ オー
よしよし

チューチュー
チュー

このごろの若い
ものはこどもの
しつけかたをし
らんね

まったくですわ

すみません……
おクツおぬぎな
さい

* In trains and buses, parents usually remove the shoes of young children to prevent the seats getting dirty.

なに三日でしゅう
ぜんできまさァ

ごくろうさま

すみません
これにいれてって

カツオとワカメが
ついて行くといっ
て見はりしてん
のよ

---

* Traditionally, Japanese baths were oval wooden tubs, now mostly replaced by plastic or ceramic baths.

よせよ!

ここのおバサン
こわいぞォ

イソノ

そらきた!

みなおした

ごくろうさま
このベルよ

ならないんですね

オイ きょねん
なくした片っぽが
出てきたぞ

ほう！ ラクダで
すネ

♪♪♪♪

かたっぽを出してきてくれ

ハイ

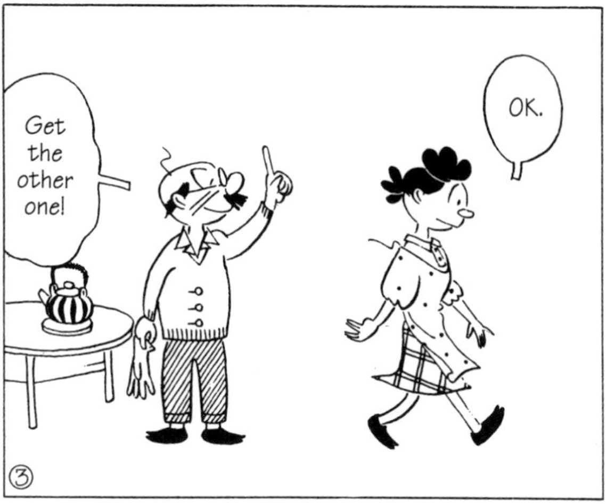
Get the other one!
OK.

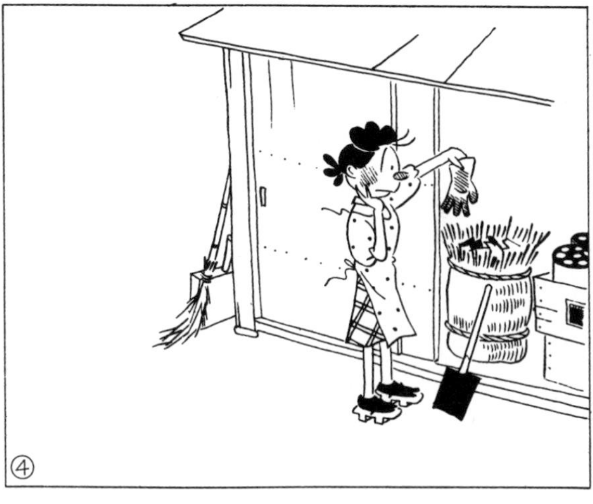

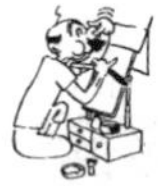

おいくら
でしょうか

コオリですよ

ようすいおけ
用水桶

WATER TANK

おやすみつづきだ

そこの**りょこう**
あんないの本
もってきて

ハイッ

ウン てごろだ

マアおせんたく
ごせいがでます
こと

いらっしゃい

キクがきれいだ
こと タクアン
みたいな色です
わネ

おくさん足もとが
あぶないですよ

---

* Takuan is a popular yellow pickle made from daikon radish. To make it, radishes are placed in a tub of rice-bran paste (*nuka miso*) mixed with salt and left to ferment for a few weeks. A large stone is placed on the lid to hold it down firmly.

あらタクアン石
みたいですネ

アッ そうそう
おくさんにタク
アン代おかりし
てましたわ

すっかりわすれ
てた

ホッ

かじだ！

よこ町だ
よこ町だ！

ごくろうさまで
した

まアけがにんが
でなくてよかっ
たですな

あれッいまごろ
かけだしていっ
てますよ

あのおくさん
らしいや

たきたてをどーぞ

まてッ

ア 校長
せんせいだ

いつも弟がおせわ
さまになります

いやお人ちがい
です

これで前科二犯
よッ！

あ〜ん ついて
いくよ〜

チェッ

だめよ おクツ
ぬがなきゃ

クツした
ぬぎましょうね

おせいぼのおしる
しです
めしあがって
くださいってね

いま みんな
るすなんです

ではお父さんに
くれぐれもよろ
しくね

ハイ

アノまた
でなおしてまいり
ます

on second thoughts　よく考えると
* Twice a year, in July and in December, gifts of food or drink are given or sent as tokens of
gratitude for favors or help received. In summer this gift is called *chugen*, and in winter *seibo*.

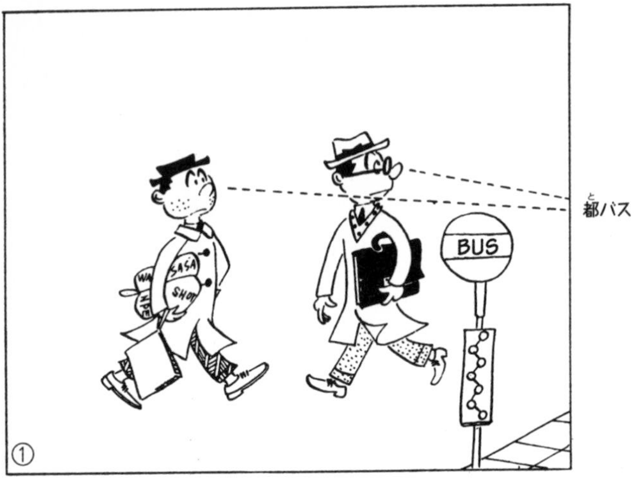
①
SASA
SHO
BUS
都バス

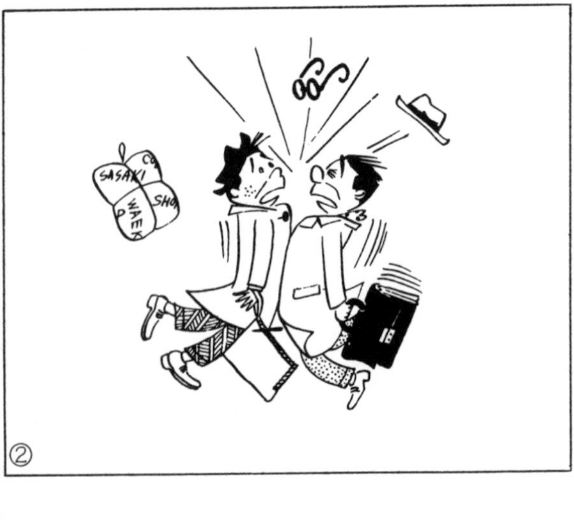
②
SASAKI
SHO
WAEK

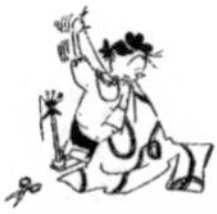

どうもすみません

すみません

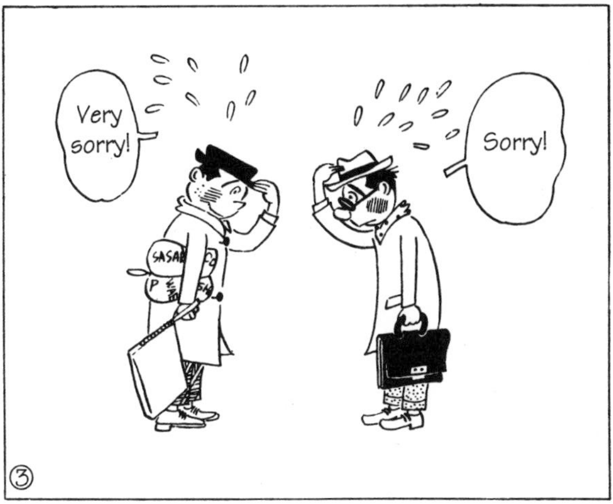

Very sorry!
Sorry!

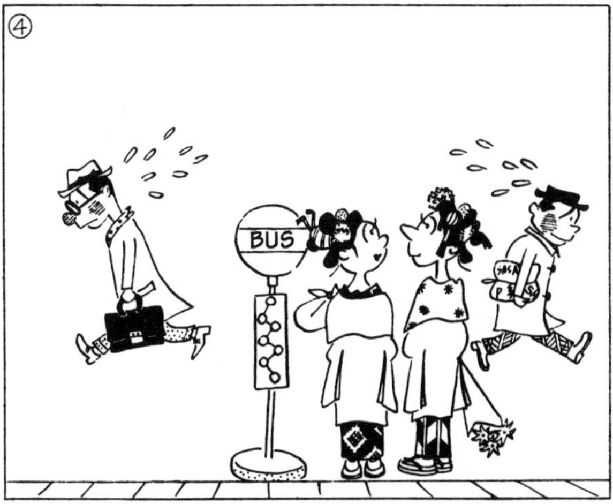

BUS

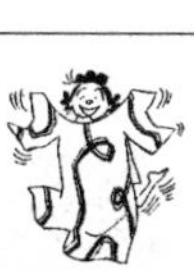

ど どうしたのお
まえ

タンスが当たっ
ちゃったのよ

一等

さいまつだから
ようじんおしよ

だいじょうぶ よ

支払（しはらい）

イソノさーん

はーい

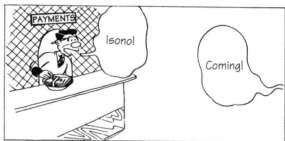

信用銀行（しんようぎんこう）

こんでるなア

なぐさみでさんぱ
つする方はまたに
してくださいな

ずいぶん
のまされたねパパ

なーにお父さんは
よってはおらん

だいじょうぶ
かなァ

ぜったいに**大丈夫**
だ

そうそうねんが状
出すのをたのまれ
てた

* The *shishi* (lion) dance is performed around New Year's to ward off evil spirits.

どのくらいまった
とおもうのッ

わかってるよ

もうれつな
つっぱり
つっぱり……

ほかの番組にまわ
してくれたまえ

へい

ではメモのごよう
いをねがいます

プリンをこわさな
いように そっと
とりあげ……

いかん……よわす
ぎる

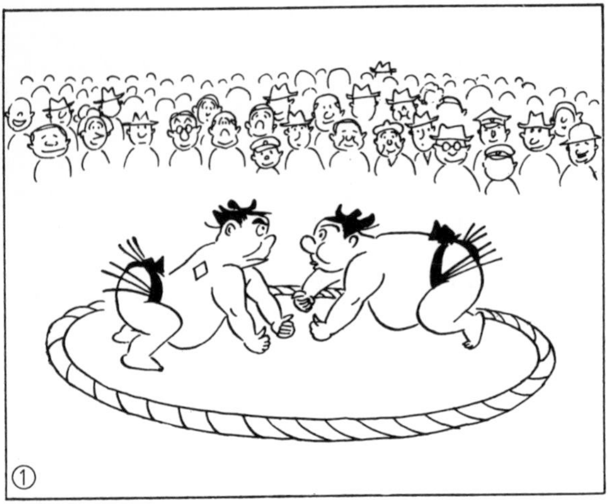
①

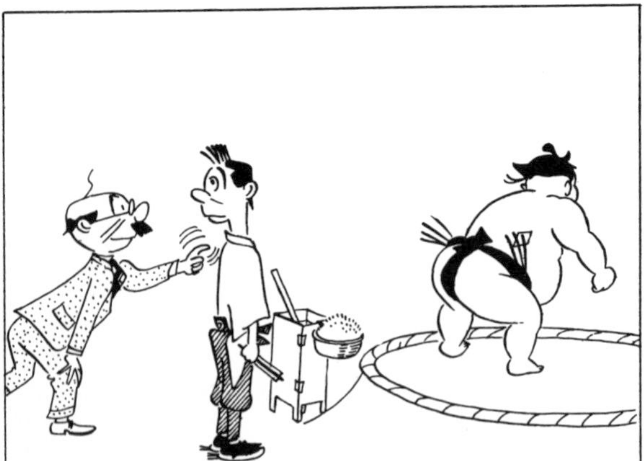
②

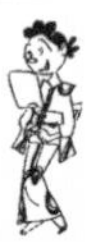

シオを少々

* Salt—considered to have a purifying function in Shinto—is tossed in the ring by sumo wrestlers before each bout.

電気センタク器

せんたくきほしい
わねェ

べんりね〜

じかんのけいざ
いね〜

てまがはぶける
わー

きかされるのが
たまらん

カツオべんきょう
が先^{さき}ですよッ

たいへんネコが
おさかなを！

こらーッ

とか何^{なん}とかごまか
していってしまっ
たよ

アノ
しつれいですが

おはおりのエリが
たっております

マアマア おそれ
いりましてござー
ます

しつれいですが
こんなものがつい
ております

おてんぱ

わすれもの
わすれもの

カメラカメラ

だいどころの
とじまりやったか
しら？

チェッ
よくかえってくる
なア やめた!!

ふぐたさんど〜ぞ

ど どうなさった!!

いや しびれです

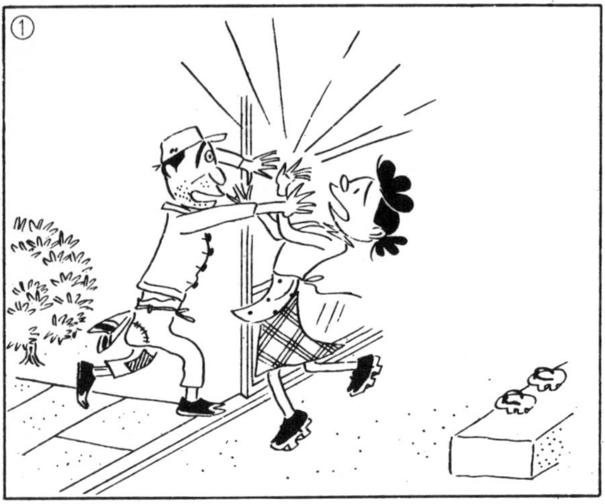
①

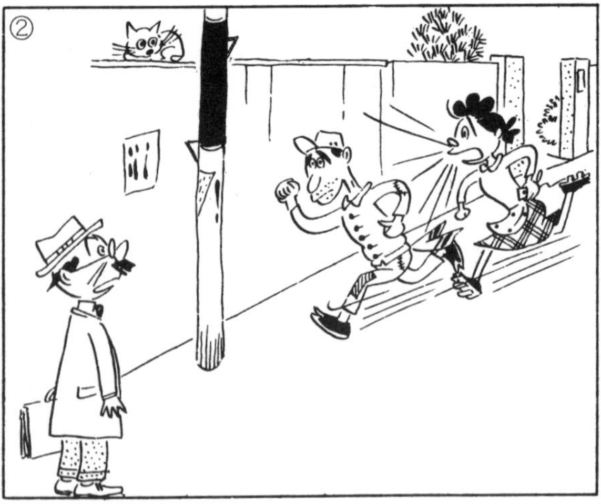
②

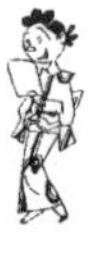

③

④

おとしものをとど
けて お礼をとっ
てくださらない
のよ

He came to return something I dropped but he won't accept this reward!

アラ これうちの
本ですわ

マア！ ごめんな
さい ついうっか
りして

いいえ よくある
ことですわ

あら これうちの
フロシキですわ

よくあることで
すわ

---

* Large wrapping cloths (*furoshiki*) are frequently used for carrying miscellaneous small objects.

あぶないから
坊やみててよ

ウン

カツオッ！

坊やあぶない

あなた だしと
いてくださいよ

わかっとる

あなた！

うちポケットに
いれていく

マアこないだた
のんだてがみ！

うちではお引取は
しないことになっ
ております

ああかなわん
きみかわってくれ

よしこうたい
しよう

こわくないから
すべってごらん

イヤ

だいじょうぶ
だってば

そーら へいき
じゃないか！

くぎがでてるん
だもの

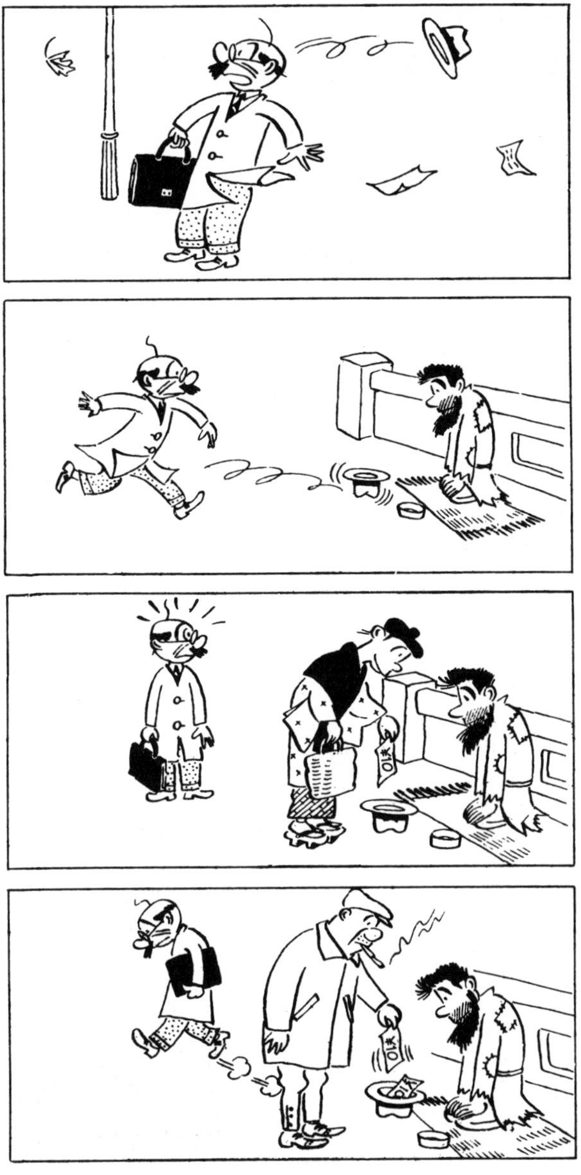

おくさんのおわ
かいこと

あんなこと！

おセンベももらっ
ていこうかしら

ハイハイ

ほんと おせじ
申^{もう}しませんわよ

そうかしら

とてもお子さん
が三人もおあり
だとはみえませ
んわ！

もしもしカゼを
ひきますよ

うちはどこです

ここです

ごめんください

エエ どこのよっ
ぱらいかしらない
がこれで十八回
目だ！

あのランドセル
みせてください

とてもよくおに
あいです

---

* Black and red leather backpacks, called *randoseru*, are used by almost all elementary school children.

じつにぴったり
おにあいです

おつかいものです
からそんなにいわ
ないでくださいな

また**フタマタ**を
もっていったね

あたいしらないわ

カツオあんただね

ボクじゃないや

ほんとにいやん
なっちまう

---

* In Japan, laundry is hung out to dry on poles. A forked stick is used to move poles that are too high to reach by hand.

郵便はがき

1 1 2 - □ □

料金受取人払

小石川局承認

1188

差出有効期間
平成11年6月
19日まで

東京都文京区音羽一丁目

十七番十四号

講談社

インターナショナル　行

愛読者カード係

（対訳サザエさん③）

★この本についてお気づきの点，ご感想などをお教えください。

　今後の出版企画の参考にいたしたく存じます。ご記入のうえご投函ください
ますようお願いいたします（平成11年6月19日までは切手不要です）。

a　ご住所　　　　　　　　　　　　　　　　〒□□□-□□

b　お名前　　　　　　　　　　　c　**年齢(**　　**)** 歳

　　　　　　　　　　　　　　　　d　**性別** 1 男性 2 女性

e　**ご職業**　1 大学生　2 短大生　3 高校生　4 中学生　5 各種学校生徒
　　　　　6 教職員　7 公務員　8 会社員(事務系)　9 会社員(技術系)　10 会社役員
　　　　　11 研究職　12 自由業　13 サービス業　14 商工従事　15 自営業　16 農林漁業
　　　　　17 主婦　18 家事手伝い　19 無職　20 その他(　　　　　　　　)

f　**本書をどこでお知りになりましたか。**
　　1 新聞広告(新聞名　　　　　　　)　2 雑誌広告(雑誌名　　　　　　)
　　3 書評(書名　　　　　　)　4 実物を見て　5 人にすすめられて
　　6 その他(　　　　　　　　　)

g　どんな本を対訳で読みたいか、お教えください。

h　どんな分野の英語学習書を読みたいか、お教えください。

御協力ありがとうございました。

おもちしましょう

けっこうです

せめてこれでも

あんたおとどけ
したら？

だってきのどくだ
わ もっていくわ

おくさーん
ふろしき

あ そうそう

おくさーん
おつりおつり

ごめんなさい

だからあそこは
とどけなさいと
いったのサ

カサおきわすれ
ちゃった！

あたしぜったいに
おきわすれたこと
ないわ

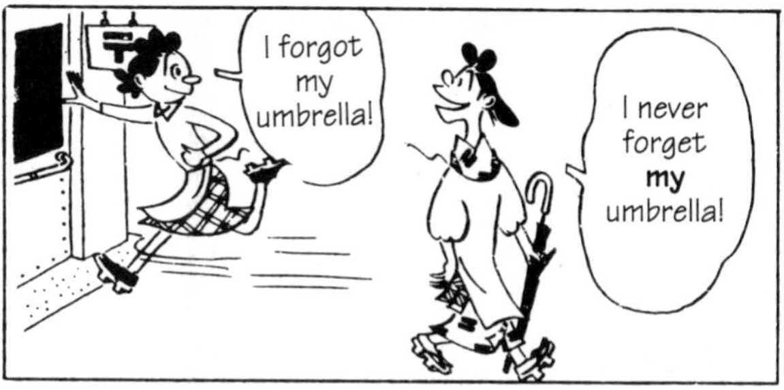
I forgot my umbrella!
I never forget **my** umbrella!

これおねがいする
わョ

ヘイヘイ

しゅうぜん

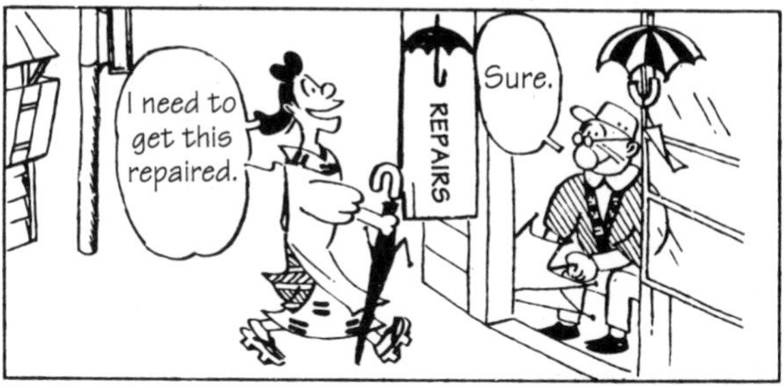
I need to get this repaired.
Sure.
REPAIRS

ペチャペチャペチ
ャペチャペチャ

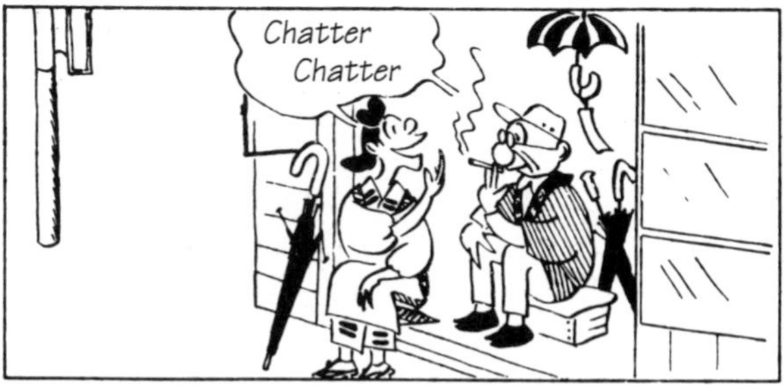
Chatter Chatter

じゃさよなら

しゅうぜん

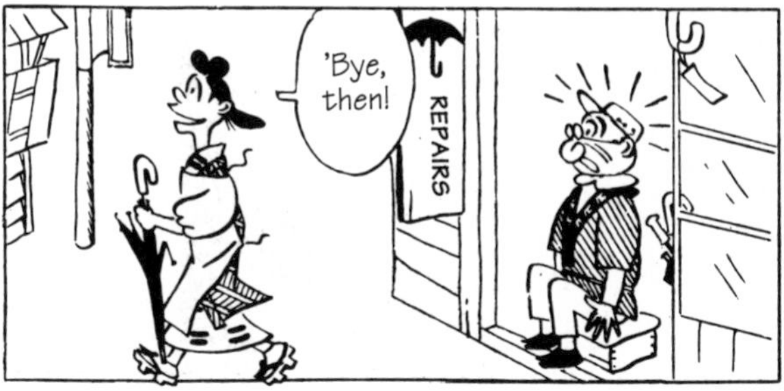
'Bye, then!
REPAIRS

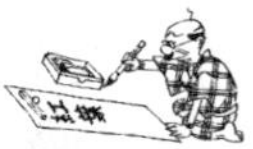

三丁目のイソノ
さんて どのへん
ですか

ボクのうちだよ
きみ

やぐとこうり二つ
です

はかたのノリスケ
だな！

こまったよ母さん
ノリスケの奴うち
に下宿する気らし
いぞ

シーッ もう来て
らっしゃるのよ

あったかくなった
ねえ

おじさん ごめい
わくでしょうが
よろしく

---

* Addresses in Japan follow a system of numbered blocks (*chome*), with each house assigned a number, although these are seldom in consecutive order.

しつれい
ですが……

三人づれですね

そうですわ

まだ大丈夫
よってはいないな

① キャンデーを
百め！

はいはい

チョコレート

キャラメル

② おおすぎた

---

* A me or momme (3.75 grams) is an old measurement used for commodities such as sweets and beans.

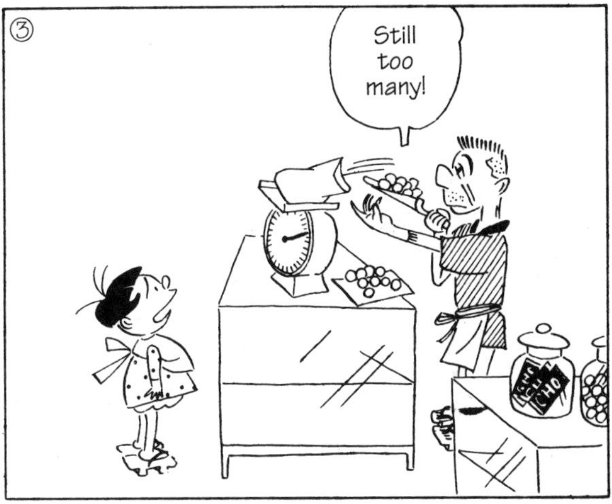
Still too many!

まだおおい

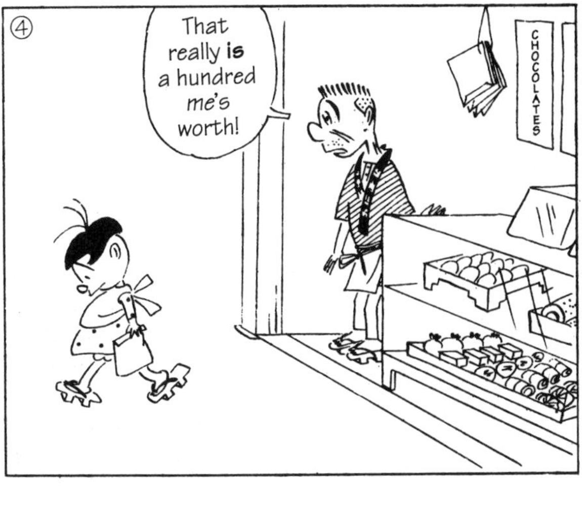
That really **is** a hundred me's worth!
CHOCOLATES

ちゃんと百めある
のよ

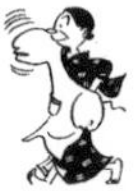

おじさんおみやげ
かってきた？

しっけいしっけい
わすれちゃった

あんなこと
いうんじゃないよ

こんどで
四ハイめね

ワカメあんなこと
いうんじゃないよ

あら ボタンが
とれてるわ
おぬぎなさい

はやくおよめさん
おもらいなさいよ

ワカメちゃん
ちょっとカサとっ
て〜ェ

はやくおよめさん
おもらいよ

モシモシ
まいごです

まア ワカメ！

おところは？

モシモシ
家出娘です！

手相(てそう)

ちょっと
みてください

トゲがささっち
ゃったんですの

ひさしぶりの
クラス会ね

アラ ひるから
ふうそく10メー
トルのアメです
ってサ

よほどげんじゅう
にしたくしてい
かなきゃ

おとといのしんぶ
んじゃないか

カツオかさもって
きなさい

はーい

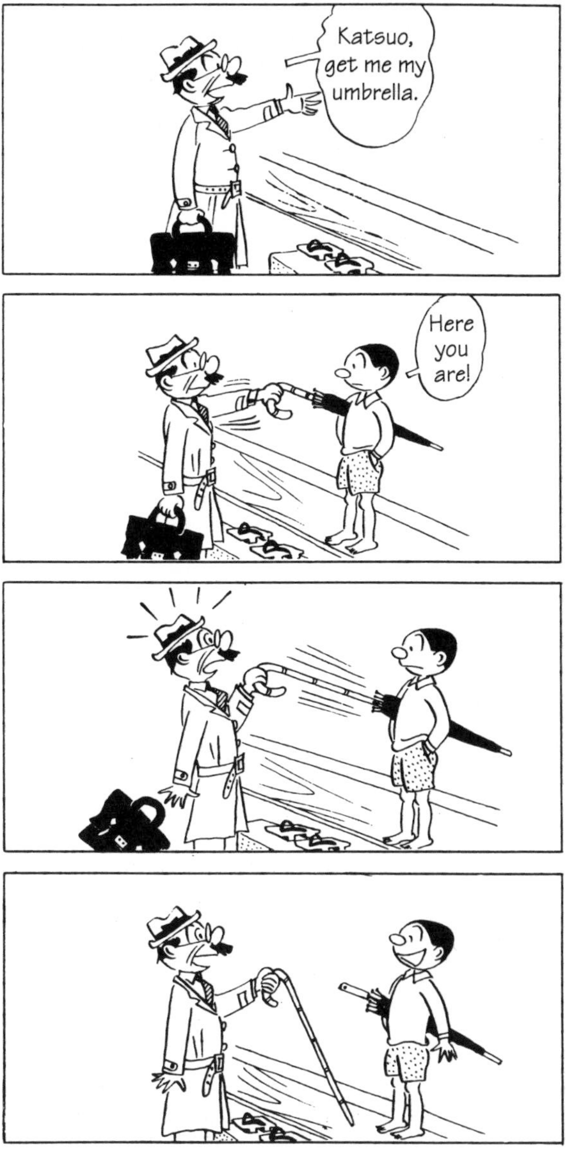
Katsuo, get me my umbrella.
Here you are!

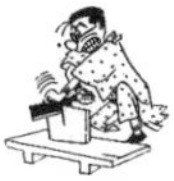

クリームなんか
おいて　おじさん
おしゃれだなァ

女《おんな》の人のしゃしん
がはいってる

しかられるわよ！

ズシンズシン
ズシン

かえってきた！

おかえんなさい

イソノ

♪♪♪♪

まアごしゅじんの
おいごさんですの

ええ こちらの
新聞社にてんきん
になりましてね

> That's your husband's nephew, isn't it?

> Yes. He's been transferred to a newspaper here.

おせわがやけます
ざんすねェ

のんきな人ですか
ら そのてんらく
ですわ

> It must be a lot of trouble for you!

> He's easygoing, so it's no problem!

でもまアおたい
へんですわねェ

下宿があるまでと
いう話なんです
けど

テイキをとりにき
たけど はいれな
いなァ

> Must be a lot of work, though.

> Well, he says he'll stay until he finds lodgings...

> I came back for my tram pass but I can't go in.

● 93

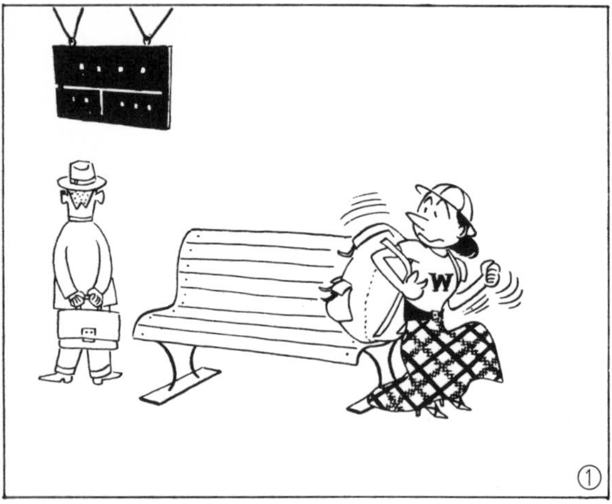

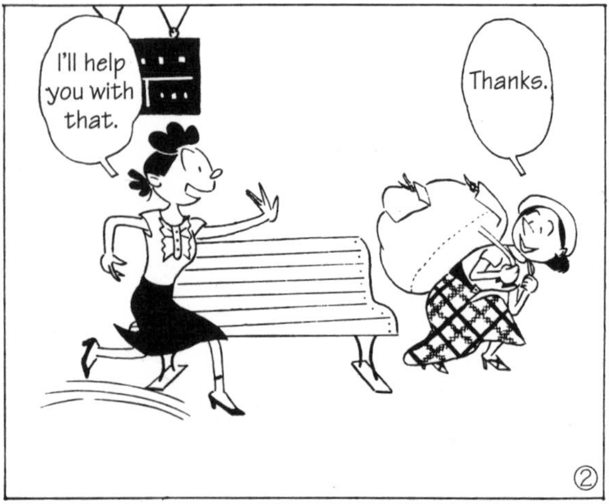
I'll help you with that.
Thanks.

てつだいましょう

すみません

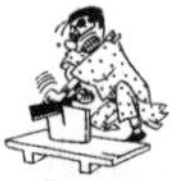

それッ

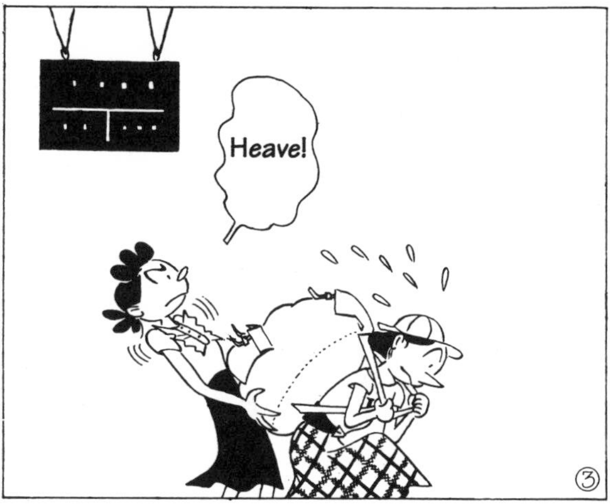

Heave!

もういちど
それッ

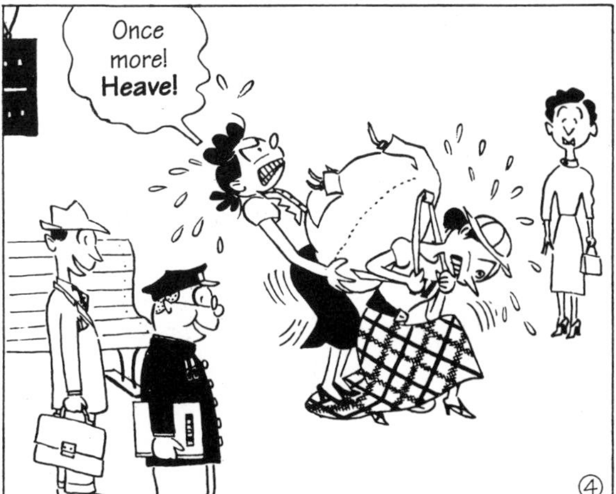

Once more! Heave!

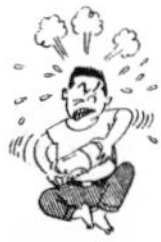

きょうそうがはげしいんでお得意かくとく（とくい）にたいへんです

あのさきでひっこしをやってたわてつだったら？

ありがたい

おてつだいいたしましょう！

ぜいむしょのさしおさえでした

四月は火事が多い
から きをつけな
さい

鳥取大火

もえのこり

火のふしまつ

ろうでん

アイロンかけない
のでがまん
してね

おどしすぎた

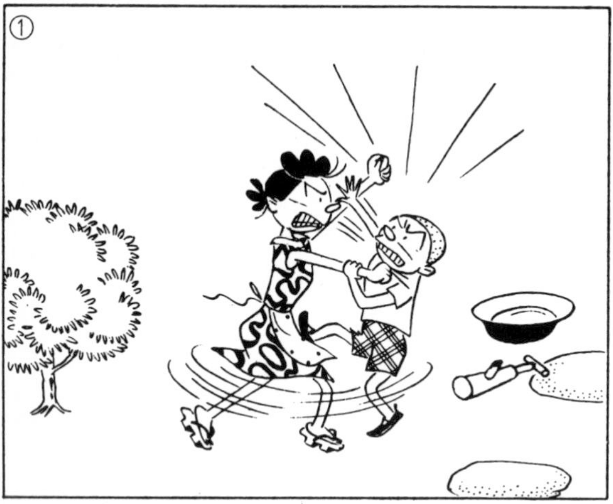
①

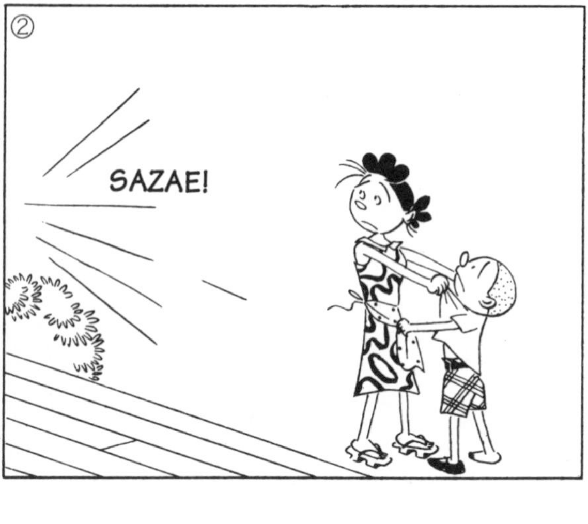
②
SAZAE!

サザエ！

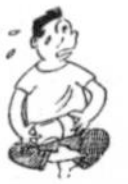

おまえいくつに
なるんだ！

ええと…………

チェッ
じゅうみんとう
ろくか！

おじゃまいたし
ました

なんのおかまい
もいたしませず

エー……ぼうし
は……

ワカメですわ

カツオ おおいそ
ぎでさがしてきて

はーい

アお客さまのクツ
をはいていったわ

バー

よしよし おしめ
をかえてあげよう

---

* Diapers used to be made from old clothes.

お父さんはボクの
ほうによせるんだ

あたいがそばに
ねるんだ

---

* In the summer months, katori-senko, or slow-burning incense coils, are still used to repel mosquitoes.

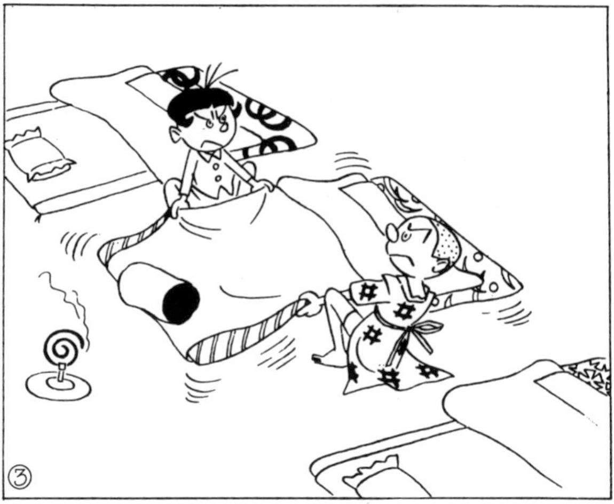

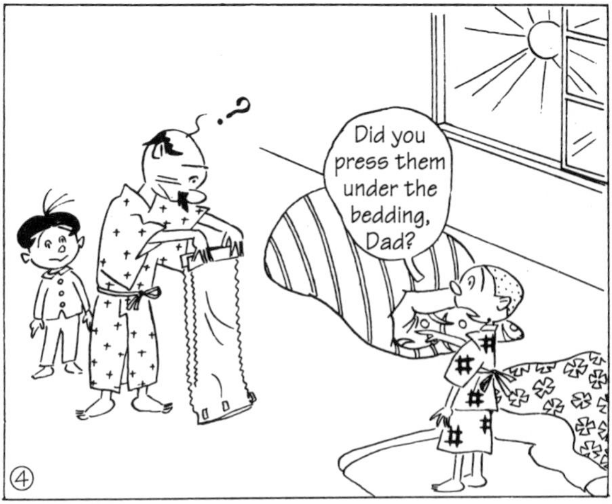
Did you press them under the bedding, Dad?

お父さん
ねおししてたの

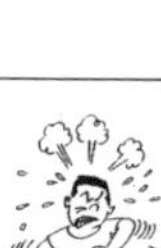

たばこ

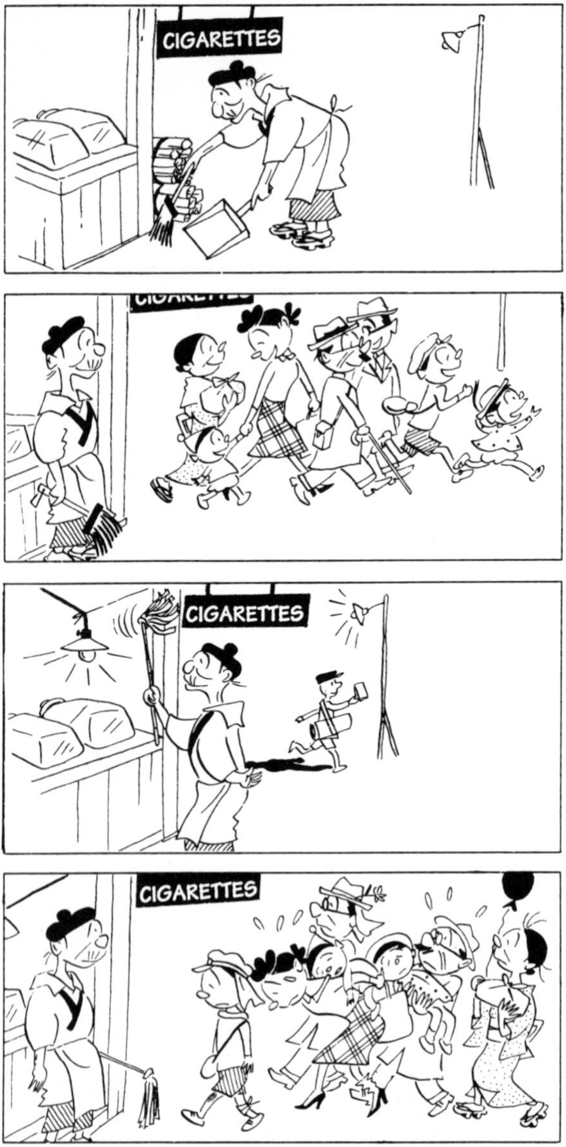
CIGARETTES
CIGARETTES
CIGARETTES

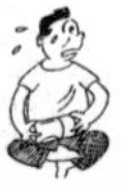

お母さんの番だ
よ～

はいはい

お母さんですよ

はい

お母さんの番だ
よ～ッ

はいこんどこそご
用がすみましたよ

お母さんの番
ですよ

スー

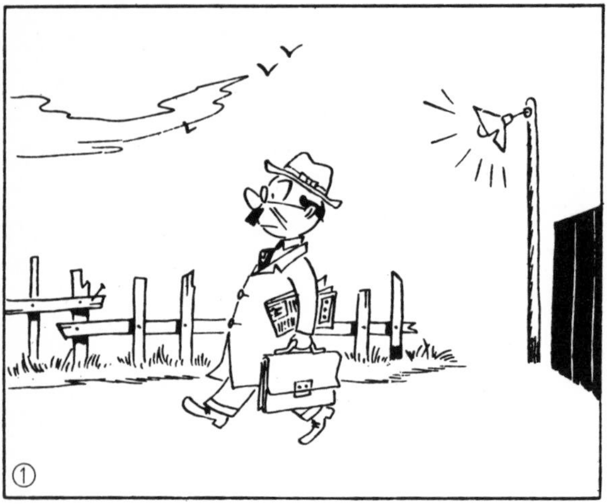
①

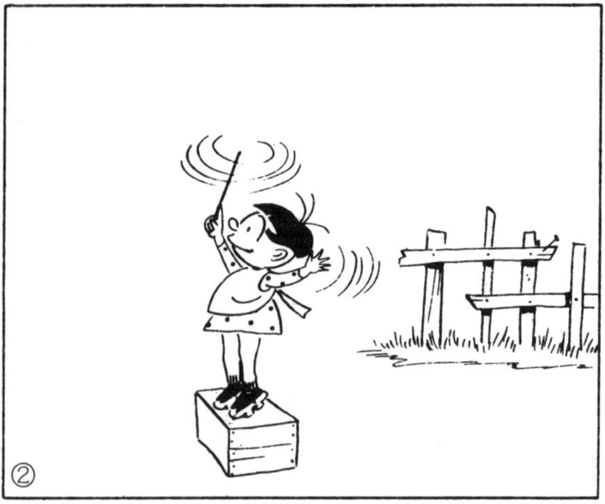
②

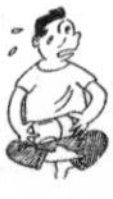

ワカメ なにを
えんそうしてる
んだい

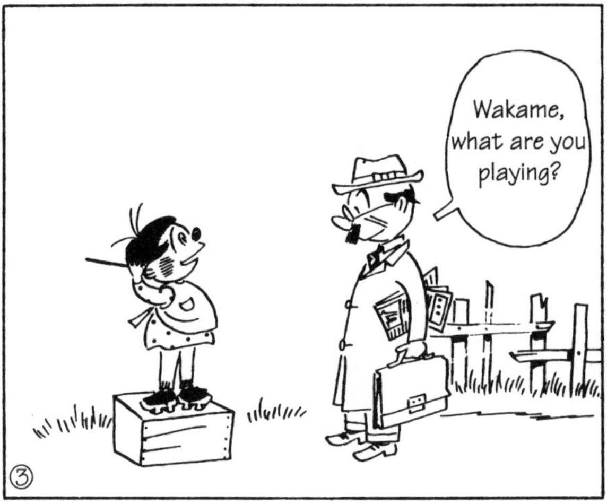
Wakame, what are you playing?
③

あれよ

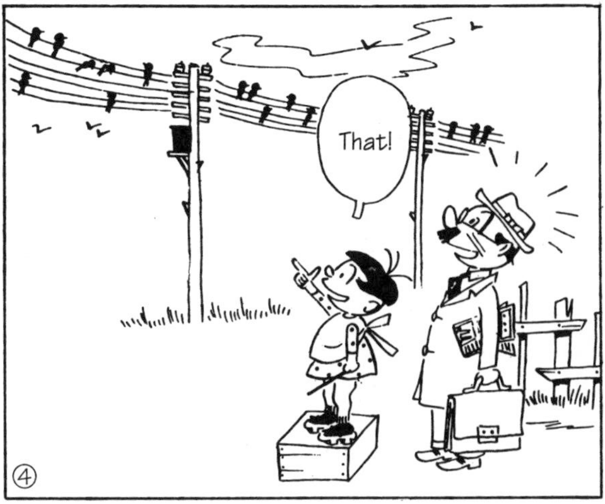
That!
④

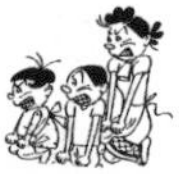

この紳士のポケットに入れてごらんにいれます

ワン・ツウ・スリ

ない……

洋服店

きみの**エリ**から
とりだしました

同業者です

名刺

サラサラサラ

あ そうだ！

えーと なにしに
きたんだっけ

もういっぺん
やりなおしだ

サラサラサラサラ

あ 思い出した！

---

* Old-style Japanese baths were heated by a wood-burning fire at one end, with the smoke escaping through a pipe.

お父さんお客さん

そう

あとたのんだよ

はい

お父さんお客さん

あとたのんだよ

はえをおってりゃ
いいんだ

あ そうか

carry on　続行する

Well, I'd better be off!

どれでかけるか

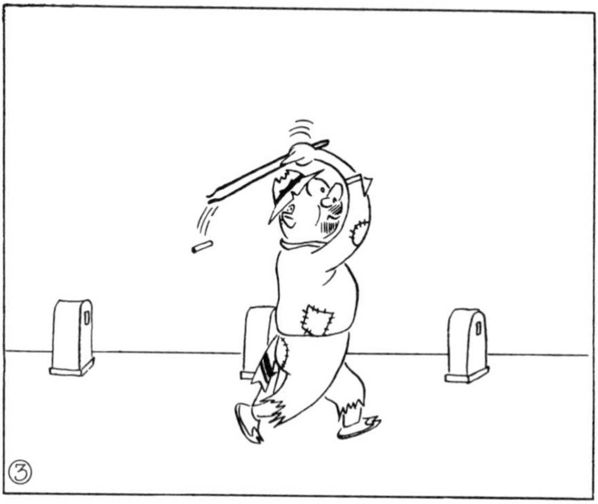
③

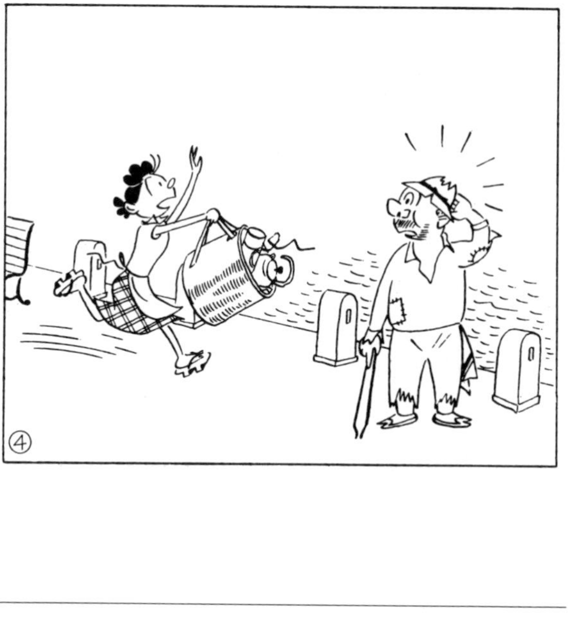
④

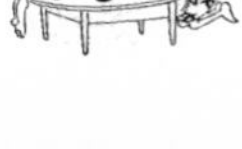

ごしんせつに
あいすみません

---

* Wooden clogs (*geta*) were once very common informal footwear. One disadvantage was that the thong was made of cloth and often broke.

ありがとうございました

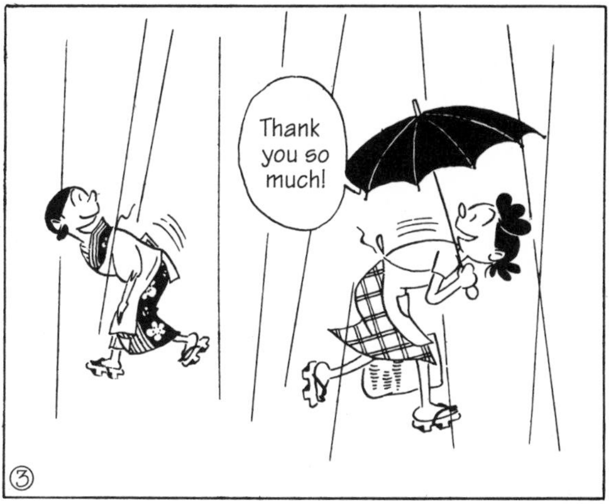
Thank you so much!

あの……カサ

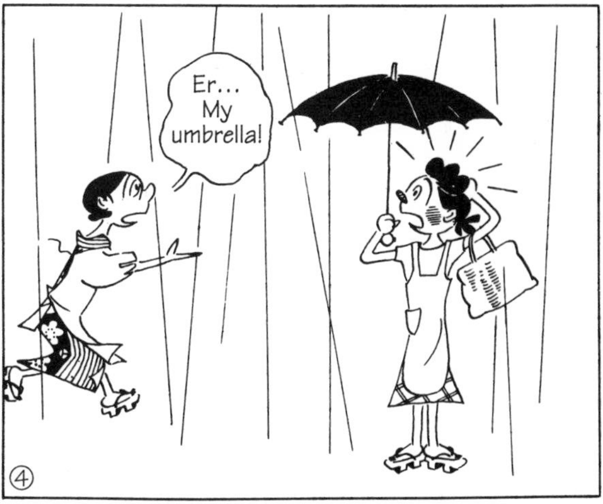
Er... My umbrella!

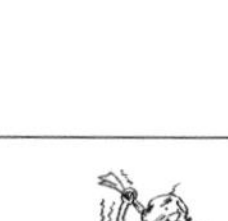

書置

ゆうよはならん

アップアップ

すると君が自殺
者でそのかたが
救助者だね

● 116

ワカメちゃん
めしあがれよ

ワハハハハ
どうしたい

すきじゃないの
やにはにかんで
るね

ノリスケさん
このかたどうかし
ら ちょっとみて
ください

ねえ ちょっとご
らんになってよ

* Many marriages are still arranged, and the first step in the process is showing a photo of a prospective partner.

I'm so glad there's no harm done!

まあ ぶじでよかった

You're wrong about that!

ぶじじゃないわよ

はッチャカチャカ
チャン

すみませんボク茶
わんかってきます

Masuo, give me a hand.
Hmm… if I do this…
Thanks!

こうっと……

ねえ あなたってば！

サンキュー

のりすけさんたら
また!!

のりすけさん!!

な〜にあれしきの
こと いいですよ

ノリスケさんの
うちからいただい
たのよ

ねえ おあがんな
さいよ

いいです

ねえ じゃもって
おかえんなさいよ

いいです

ハイさようなら

ありがとうござい
ました

あたいがもつ

ボクがもっていく
ったら

つぎでおります

私も次でおります
おもちしましょう

これはすみません

ありがとう

いやいや

あのかた
なにさげてんの？

さっき氷をかっ
てらしたわ

Before refrigerators were common, in the summer blocks of ice were bought and carried home in a string sling.

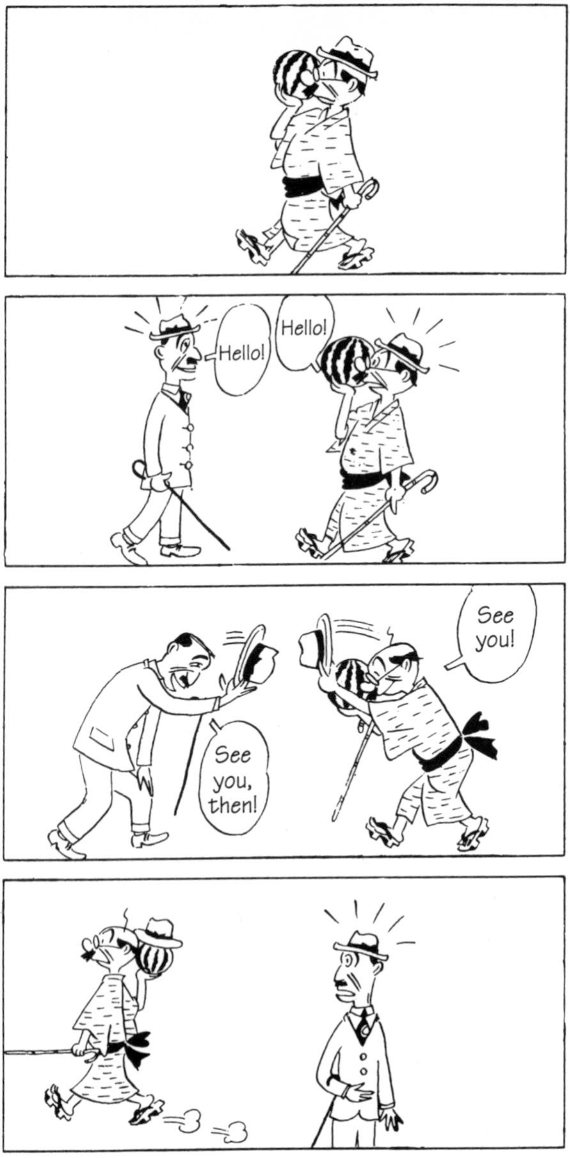
Hello!
Hello!
See you!
See you, then!

ヤア

ヤア

ごめん

ごめん

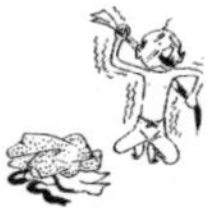

うそだうそだ
めいしんだよ！

うしの日うなぎを
くうと丈夫になる
そうですね

めいしんだ

---

old wives' tale　迷信

* The Day of the Ox, considered the hottest day of summer, falls in mid-July. On this day it is the custom to eat eels for stamina to combat the heat.

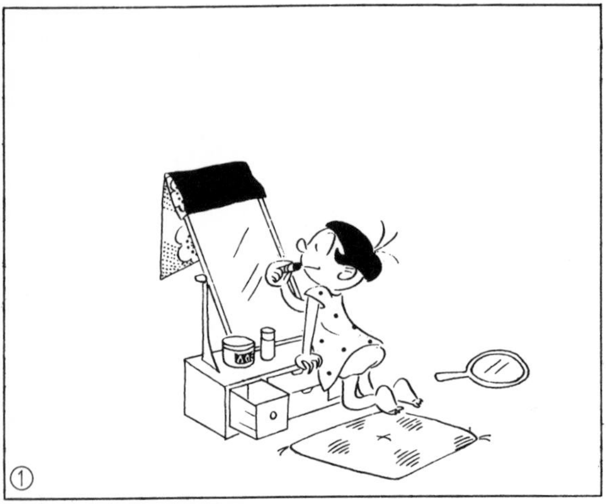
①

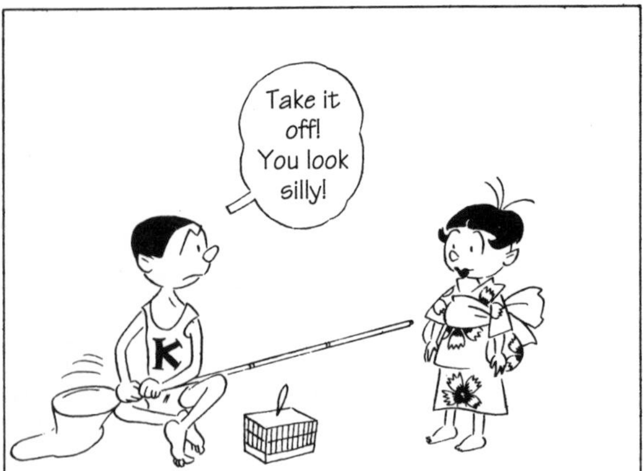
Take it off! You look silly!
②

およしよ
みっともない

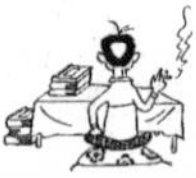

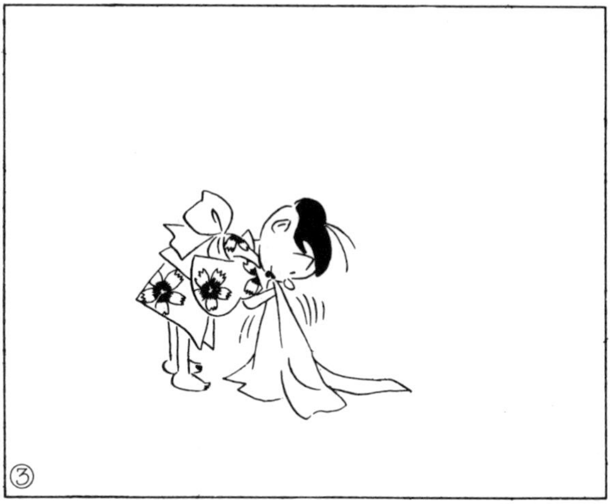
③

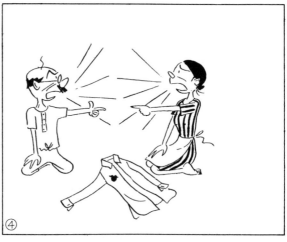

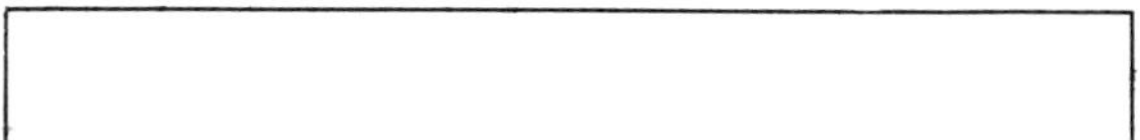
④

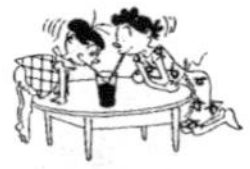

とうふーい

おとうふやさ～ん

おとうふやさ～ん

---

* Tofu is sold in small stores and by hawkers who visit residential areas by bicycle or van. In the past, hawkers carried a yoke with wooden containers at either end.

おとうふやさ～ん

へえ

とうふ

おとうふニちょう

ポーナス

おじさん なにか
ごちそうしてよ

へんしゅうしつ
編集室

カツオくんなかな
かぬけめないぞ！

○月○日今日は
表の水まきをしま
した

---

* During the summer vacation, elementary schoolchildren are required to keep a diary, which is handed in on the first day of school. To keep down the dust in summer, each family sprinkles water on the street outside its house.

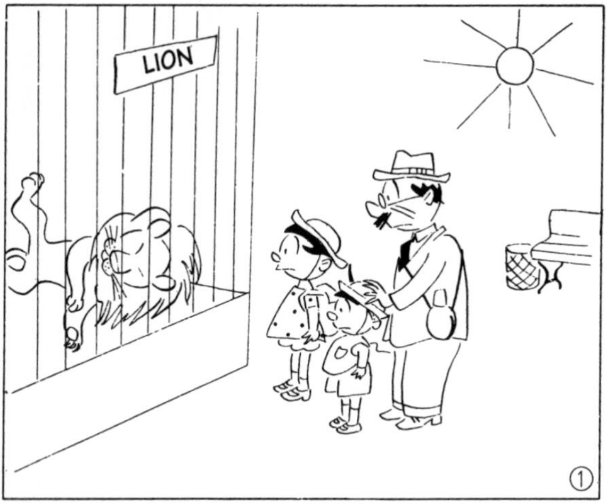
LION
①

ライオン

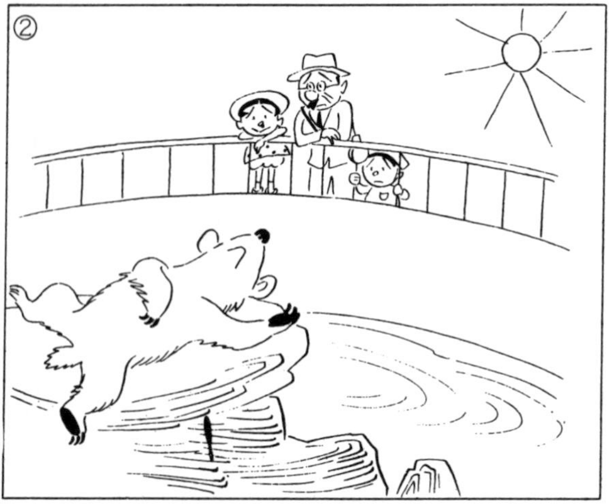
②

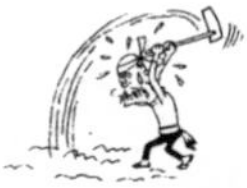

つまらん

どうぶつえん
動物園

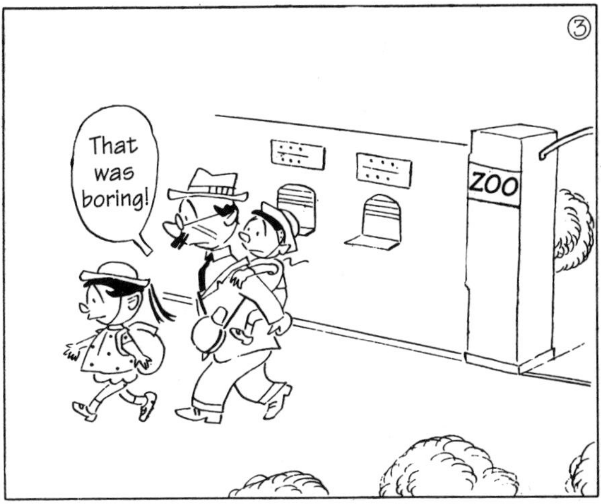
③
That was boring!
ZOO

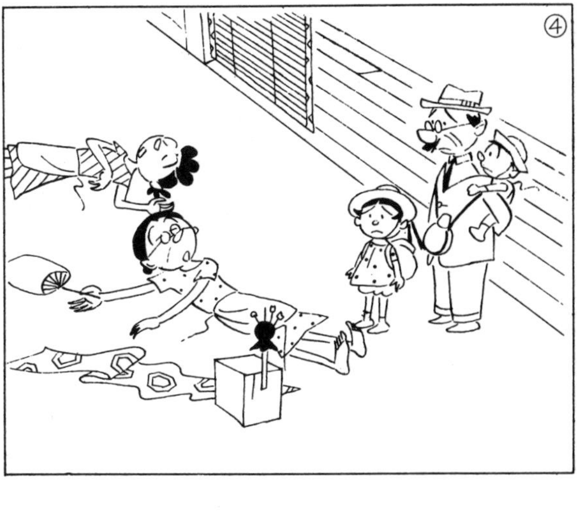
④

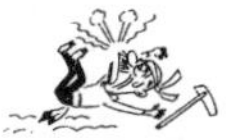

ワカメがおどか
しにきてるわ

わかってる
わかってる

ワッおどろいた

いやだ
にげちゃったじゃ
ないの

おフネさん
こどもをあずかっ
ていこうかい

マアどんなにか
よろこびますよ

ウワーステキだ!!

二人いくのか！
ウワーありがた
い!!

キップなんか
おじちゃんに出さ
せないで じぶん
で買うのよ

はーい

静岡まででしょう
ボク買います

こどもがそんな
しんぱいせんで
ええ！

Where to?
Just give me a moment!

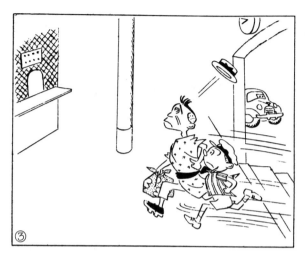

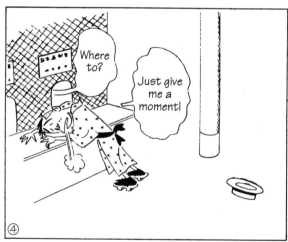

どちら？

ちょ ちょっと
まってください！

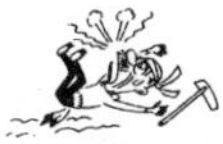

おじさん
ボクおなかすいた

アイスクリーン

ベントウ三つくれ

しずおか
まだでしょうか

あなたが
ベントウをかわれ
たエキです

フロがわいたよう

のてんブロだね！

なんの小屋かな

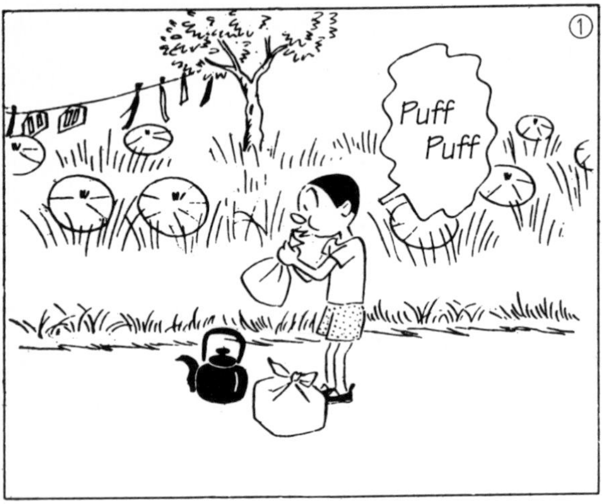
①
Puff
Puff

プーッ

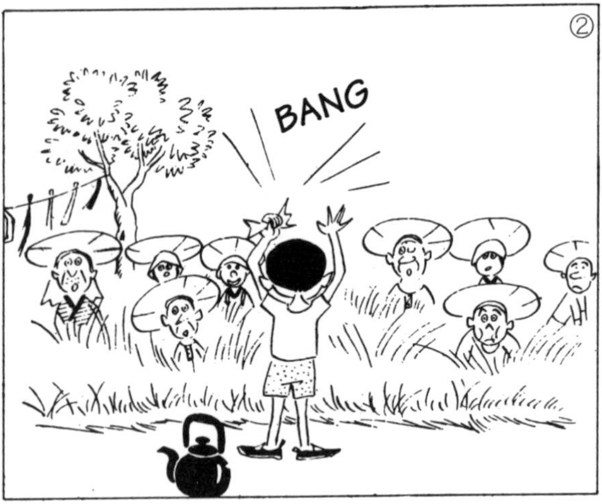
②
BANG

パン

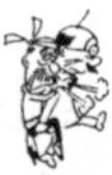

あ　あそこだ

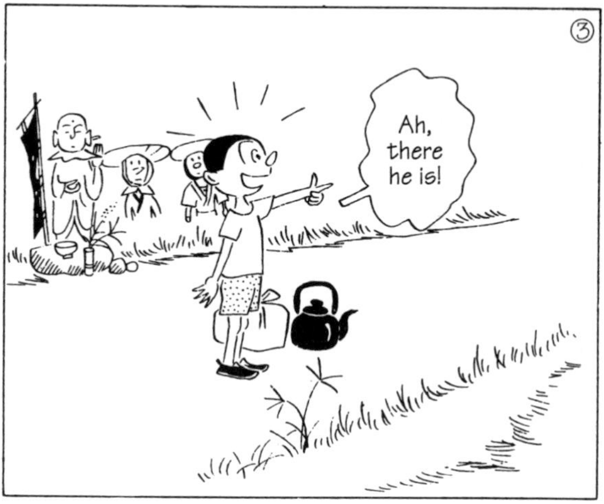
③
Ah, there he is!

おじさんお茶(ちゃ)です

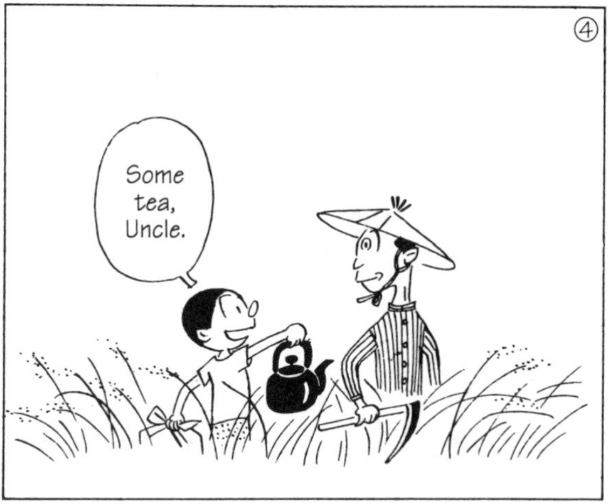
④
Some tea, Uncle.

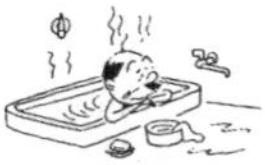

そのちょうし
そのちょうし！

どうしてやめたの

なんだかわるいや

ソレ そこをほっ
てごらん

おばさんの
サイフがでた

もうどうぞおかえ
りくださ〜い！

ハア では

どうしてもとれん

まア ぎりがたい
かた！

ほら こんど
とうきょうよ！

にもつおろして
あげましょう

どうもすみません

いやいや

どうもあいすみま
せん

なに いやいや

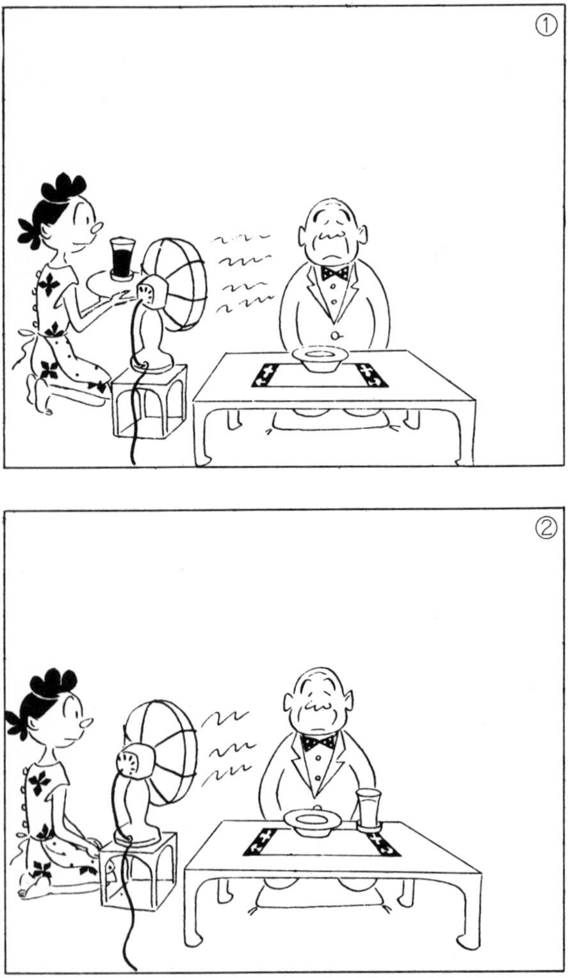
①
②

ワカメお客さまの
そばにたってみ
てよ

あっ かぜはいって
るのね

どうだ？

なかなかいいじゃ
ありませんか

アラかんじのいい
かたじゃないの

ねえ

フーン ミス日本<ruby>日本<rt>にっぽん</rt></ruby>
こうほか

だめだめ いまは
じきでない

おじさんおみあい
なんだろう

なんです こども
のくせに！

③

なんにもしらない
ふうにしてんの
よ！

わかってるよ

④

おてあらいどちら
ざましょう？

さあ ぼくなんに
もしらないんです
けど

へえーモナカか

モナカだったよ

なんです！ まだ
頂きもしないのに

---

* Monaka are traditional cookies of glutinous rice wafers with a sweet bean-paste filling.

おまえけっこうな
ものいただいたよ

まアけっこうな
モナカを頂いて

あらおかげんは？

もうすっかりいい
今日から
しゅっきんだ

ご病気の
おみまいに

せっかくきて
くださったのに
わるいわねェ

敬老の日
けいろう

RESPECT-FOR-
THE-AGED DAY*

---

* Colorfully dressed musicians (chindon'ya) were frequently hired to advertise the opening of new stores.
* Respect-for-the-Aged Day, a national holiday, falls on September 15.

I did the laundry!

せんたくしたん
ですよ

きみ フケ性だね

秋になるととくに
ひどいの

ほら

なんだか 魚にき
のどくだ

また家_{いえ}がたつわ！

よくたつなあ

ふしだらけだ……

これでも坪_{つぼ}三万_{まん}は
するわね

---

* Although the metric system has been adopted in Japan, land area is still measured in *tsubo* (one *tsubo* equals 3.3 sq. m., or 35.6 sq. feet).

そうさなぁ……

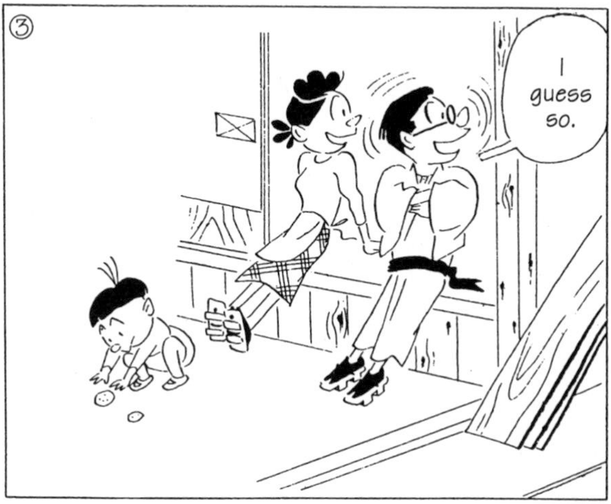
③
I guess so.

もう住まってらっしゃるわ

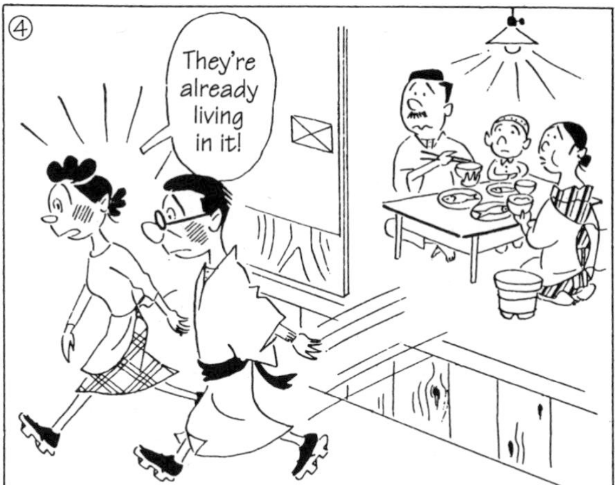
④
They're already living in it!

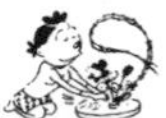

こないだのお見合（みあい）
のけっかね

ハハハ あれか
わすれてましたよ

ぼかぁどっちでも
いいんです

ああよかった
ことわってきたの
でね

ハハハハ

ごはんですよ〜

turn down　拒絶する

Thank you.

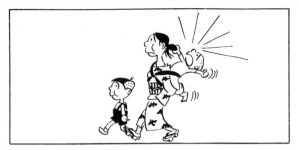

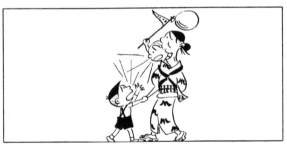

すみません

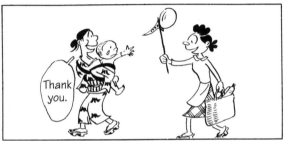

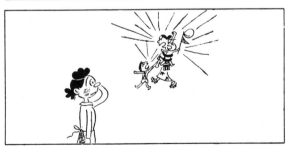

このシューマイ
いたんでない?

クンクン

さあ……?

わるくなさそう
だって

---

* Shumai are small steamed Chinese dumplings with meat and vegetable fillings.

あのお席がお見合
のかたよ

は

バリバリ

---

* When arranging marriages, go-betweens often provide prospective partners with an opportunity to look each other over before being formally introduced.

ﾊﾉﾉﾊﾉﾉﾊﾉﾉ

そこおせきがちがいます

アラすみません

おあがり

うん

ここかんだ……

これが？

あたまにつまずい
たのよ

おばあちゃんおフ
ロがわきましたよ

じゃいっしょに
はいりましょう

おばあちゃんが
うつっちゃった！

あんまりおフロに
ながくはいりすぎ
たのよ

CHINESE RESTAURANT

ちゅうかりょうり
中華料理

①

②

---

* When customers enter a restaurant, as soon as they sit down they are brought a glass of water and an *oshibori*, a dampened towel, to wipe their hands and face. The towel is hot in winter and cold in summer.

● 170

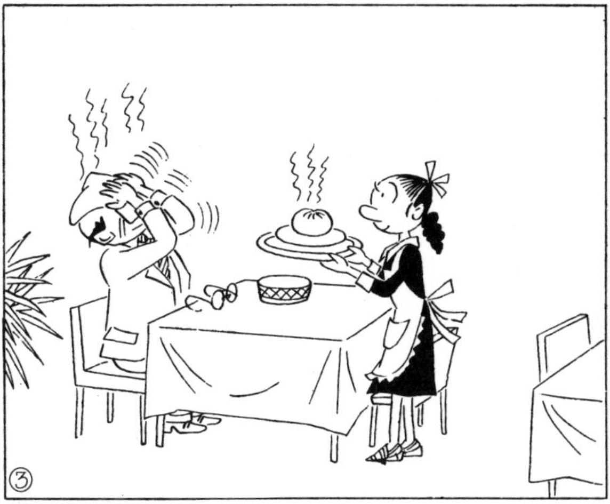
③

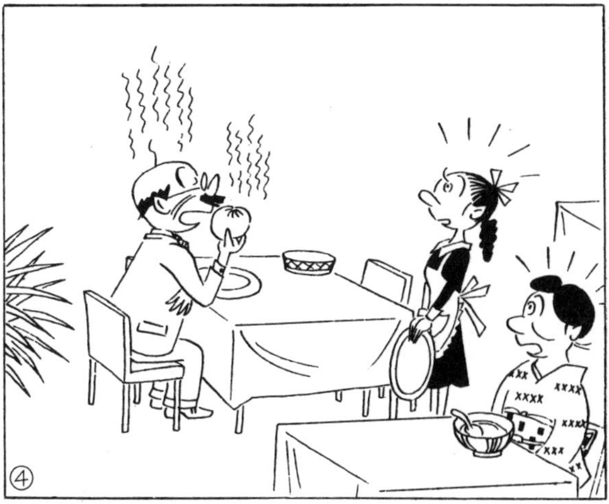
④

二千円で
ございます

じゃこれください

たいへん!!
サイフがない

No way it could be!
Oh, of course!

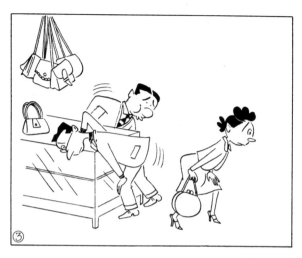

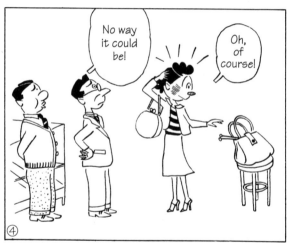

はいってるはず
はないですよ！

あ そうか……

ごせいが
でますこと

やりだすと
むちゅうですの

うらの家ね 伊佐
坂難物がこしてき
ましたよ

マア
あの作家の!!
あたしファンよ

アラ あんたなん
ですか

ハ あの三河やで
ございます

じゃ特級酒二本
大いそぎよ!!

まいどありがとう
存じます!

お近くに
まいりました
伊佐坂ざァます

まア!! お軽さん
じゃないの!

まあ 同級の
舟ちゃんじゃない
の!

三十年ぶりね

まア かわいい
おまごさん

やだわ むすめよ

おや
三河やさん!

やだわ 長女よ

芝居のキップは
もってきたか

アラ あなたが
もってらしたじ
ゃないですか

いいや おまえに
わたした

うそばかり
しまいわすれてら
っしゃるのよ

家庭裁判所

---

* The Family Court has general jurisdiction over domestic and juvenile cases.

177

うちのネコです

ははぁ 木から
おりれないのね

ニャ〜

アイッ……

ギャオ〜

③

よわるなぁ
これじゃ……

④

恐妻会会場
_{きょうさいかいかいじょう}

茶をくれ！

ずっとかきもの
してたんだ

なにがおかしい

ずいぶんながい
ていでんだった
わね

また**ね**てらした
のね

おとしものだ

ボーナス

サトウとかいて
ある

サトウ

このサトウさん
かな?

たしかだ……

* The wife has assumed her husband has spent his bonus on such "vices" as (clockwise from top left) a trip to a hot spring resort, playing mahjongg, betting on bicycle races, and bar hostesses.

せんむ おくさん
ですが……

るするす！ るす
だといってくれ！

③

おでんわじゃない
んです ごめんか
いです

④

おまたせしました
ふんふん……
そうかなぁ
アハハハハ

in person　本人自ら

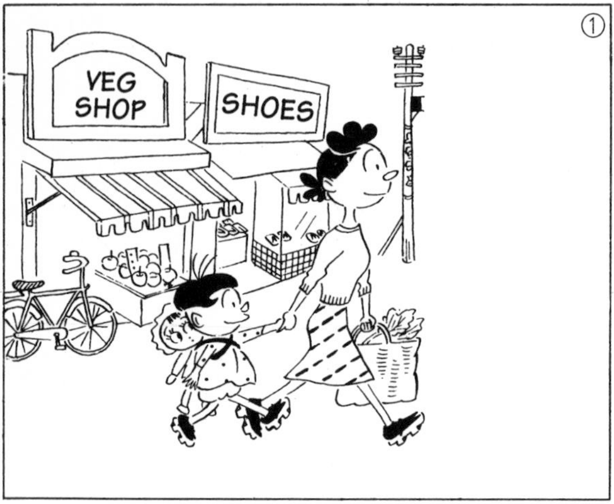
①
VEG SHOP
SHOES

八百や
はきもの

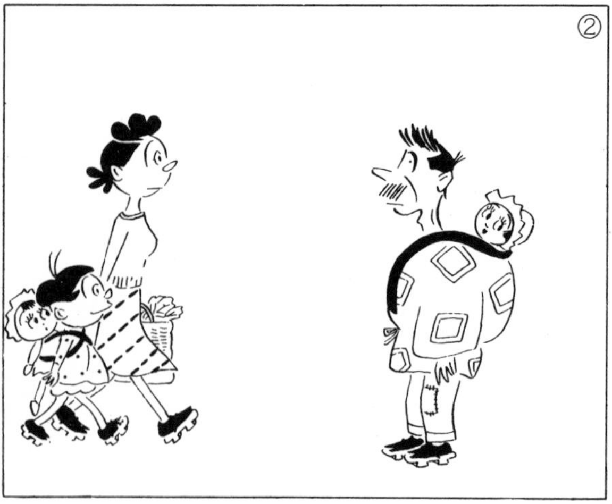
②

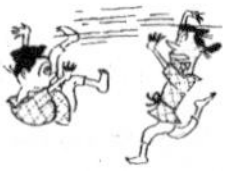

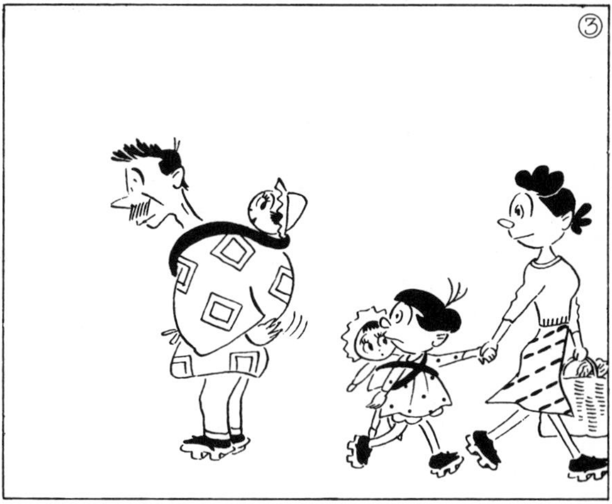

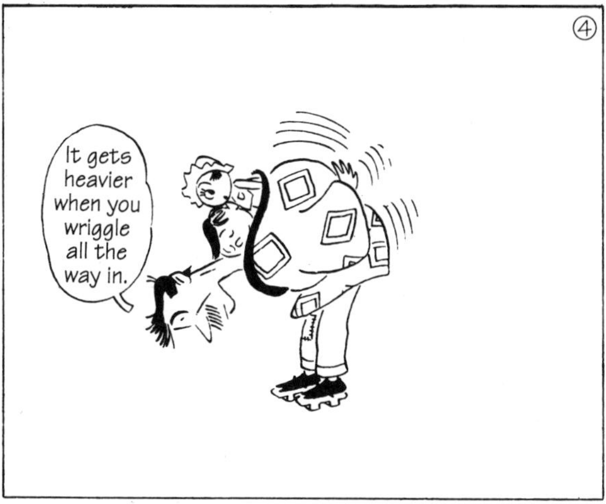
It gets heavier when you wriggle all the way in.

もぐっちゃ
おもいよ

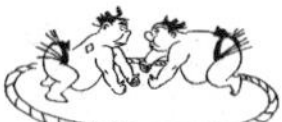

The secret of my health is pouring cold water over myself. It's really effective!

Hmm. Is that so?

わしのけんこう法は水をかぶることこいつはいいですよ

ふーん そうですかなァ

おとしものです

ありがとう！

ここにさげて
おけばおとし主に
わかるだろう

でもあのぉ……
ひろったときは
ふくびきけん
だったんです

* Such lotteries, which are for goods rather than money, are run in midsummer and midwinter by local shop associations.

ゆうびん

サンキュウ

あらだれ？

どうぞ和枝さんを
しあわせにして
あげて、
一女性より……

おたくのハガキが
まちがって
きました

ああ 父の小説の
ファンレター
ですわ

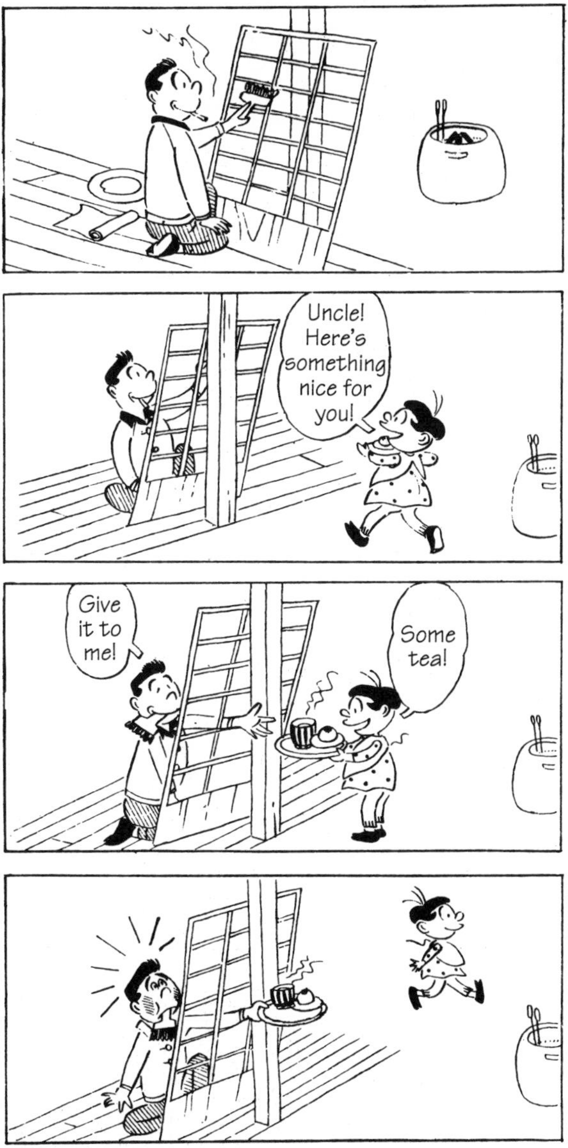
Uncle! Here's something nice for you!
Give it to me!
Some tea!

おじちゃん
いいものよ！

はいよ

お茶！

おとしものです

遺失係

それです！

うちにおきわすれ
てって しょうが
ないわねえ

---

* Salted salmon are a popular year-end gift (seibo).

あのウインドの
ショールをだして
ください

ハッ

こちらでござい
ますネ

ええそれです

すみません

アラ
もうでちゃった

ざんねんだった！

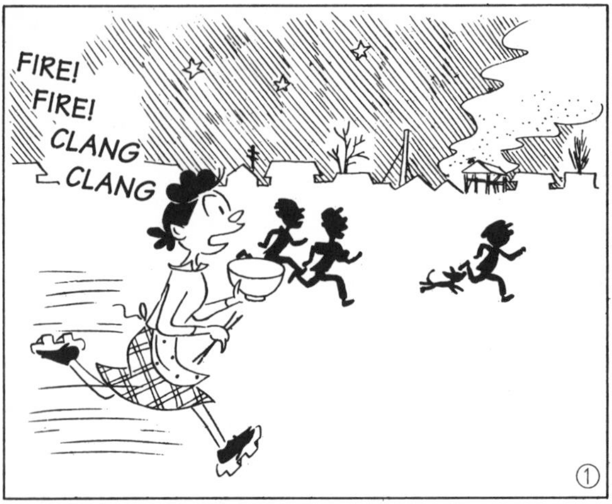
FIRE!
FIRE!
CLANG
CLANG

カンカンカン

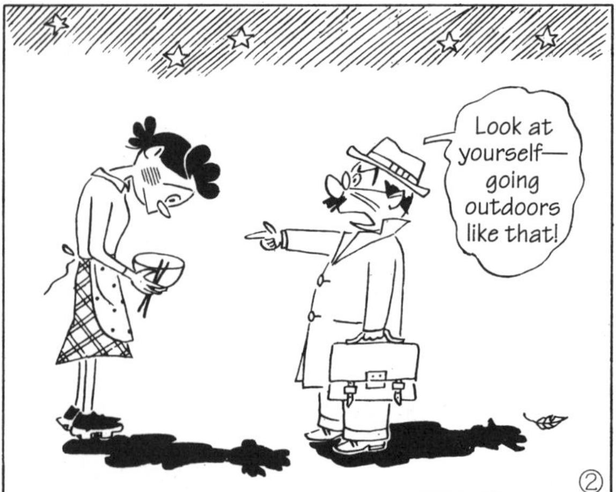
Look at yourself— going outdoors like that!

なんだ
そのかっこうは!!

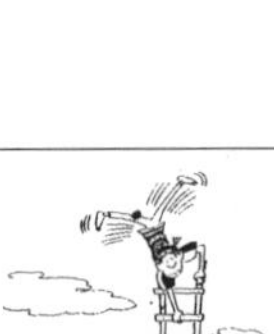

③

アラ これうちの
じゃないわ

④

おそばの
たちぐいがバレち
ゃった……

そば
うどん

---

* Such movable stalls (*yatai*) selling noodles can still be seen near train stations late at night.

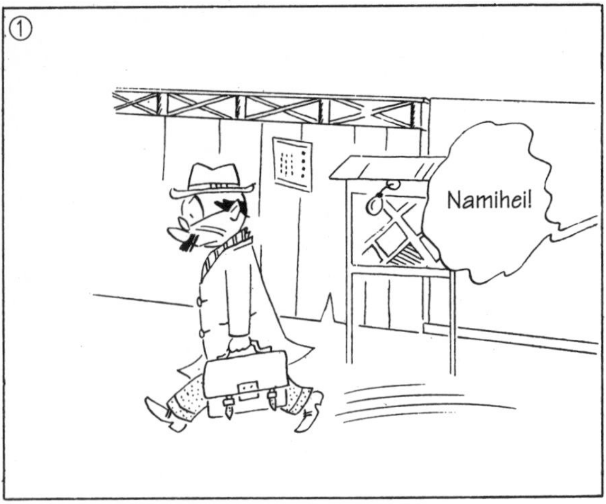
①
Namihei!

あなた！

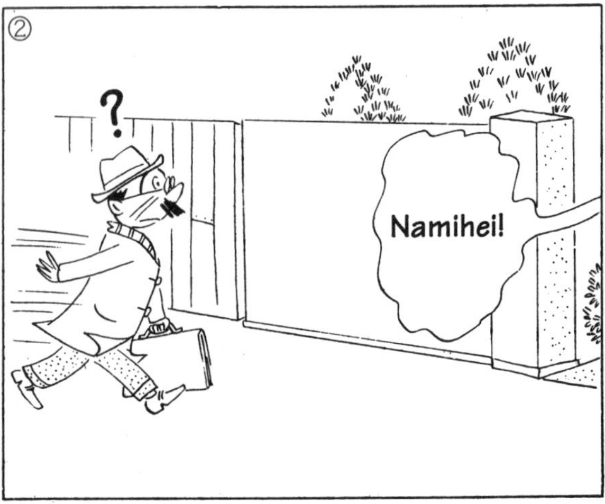
②
Namihei!

あなたァ
あなたァ

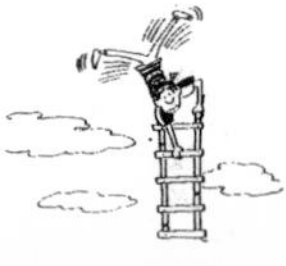

きょうは
こおりがはってて
すべるからきを
おつけなさい

ボクがなにをきいてもコンニチワというんだよ

うん

わかめ このあそびしってるんだろ?

ううん しらないよゥ!

そらひっかかったコンニチワだよ

あ そうか

なにをきいてもコンニチワというんですよ

ハイハイ

---

* In December, companies hold year-end parties (*bonenkai*) for their staff, who are expected to provide the entertainment in the form of songs or games.

対訳 サザエさん ③
The Wonderful World of Sazae-san

1997年 6 月20日　第 1 刷発行

著　者　　長谷川町子

訳　者　　ジュールス・ヤング

編集協力　株式会社 C·A·L

発行者　　野間佐和子

発行所　　講談社インターナショナル株式会社
　　　　　〒112　東京都文京区音羽 1-17-14
　　　　　　　電話：03-3944-6493（編集）
　　　　　　　　　　03-3944-6492（営業）

印刷·製本所　　川口印刷工業株式会社

ISBN 4-7700-2094-5

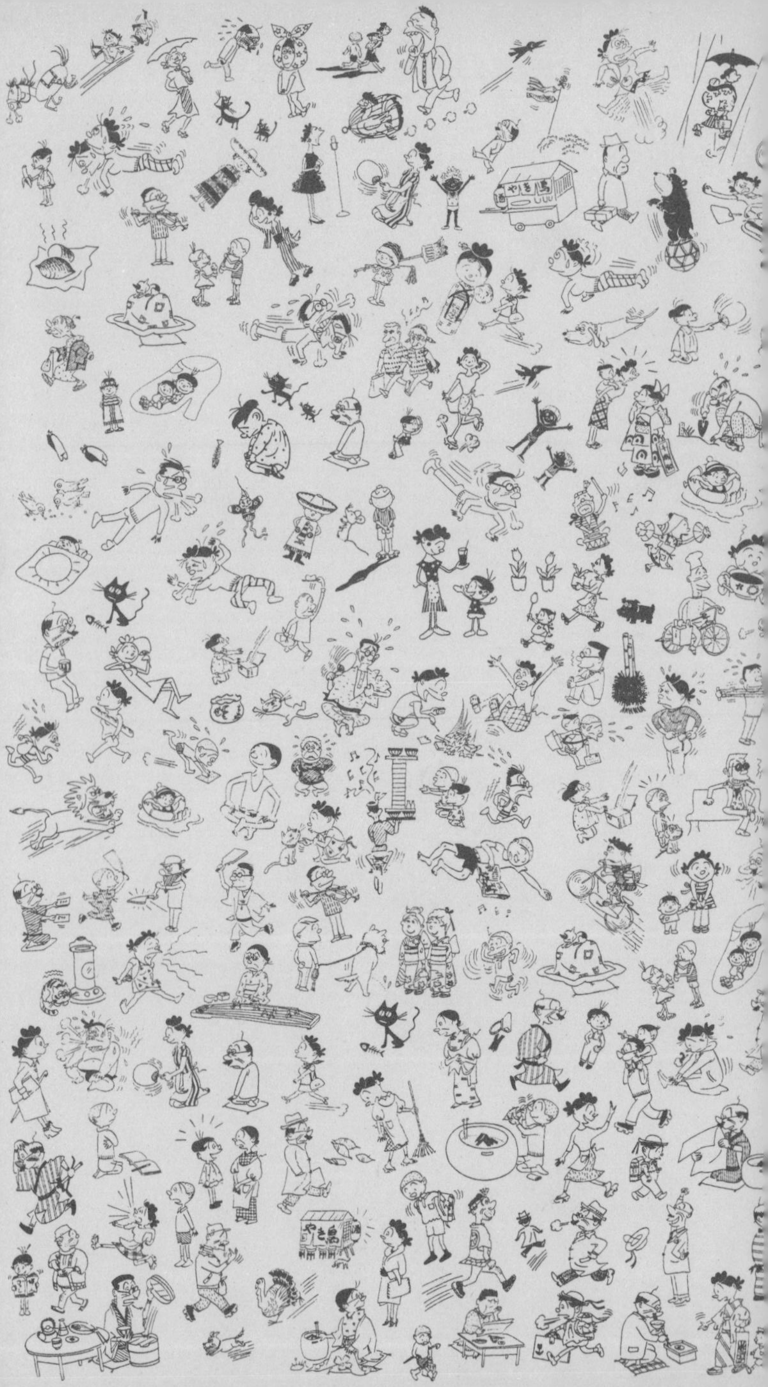
やき鳥
やき鳥